Abenteuer
ESKAPADEN
AUSZEIT
AF523721
STADT.LAND.
FLUSS.
ENDLICH
FREE
ERLEBEN
FEIERABEND!
BLAU
kleine
Fluchten
Lebensfreude
NATUR
GLÜCK
von Kirsten Sulimma

DAMPF ABLASSEN

PLAUDERN UND GENIEßEN

HORIZONT ERWEITERN

ABENTEUER IN SICHT

LIEBE LESERIN, LIEBER LESER,

Feierabend im Ruhrgebiet! Da denkt man an Sonnenuntergänge auf Halden, Touren entlang der Rad- und Wanderwege oder Currywurst und Pilsken an der Lieblingstheke. Aber hier ist noch so viel mehr. Dieses Buch soll anregen, ausgetretene Pfade zu verlassen und sich auf die Suche nach unbekannten Orten und überraschenden Momenten zu machen. Denn gerade in den Abendstunden entwickelt die Pott-Kulisse einen ganz besonderen Charme.

Die folgenden After-Work-Auszeiten führen vorbei an versteckten Seen und verwunschenen Gärten, hinauf auf Berge und durch Industriebrachen, die sich in blühende Landschaften verwandelt haben.

Viel Vergnügen beim Suchen, Finden und Entdecken wünscht

Kirsten Sulimma

PS: Übersichtskarten und Infos zum Download von Tourdaten gibt's ab Seite 224.

AUSZEIT.
ABENTEUER.
LEBENSLUST.

DAMPF ABLASSEN

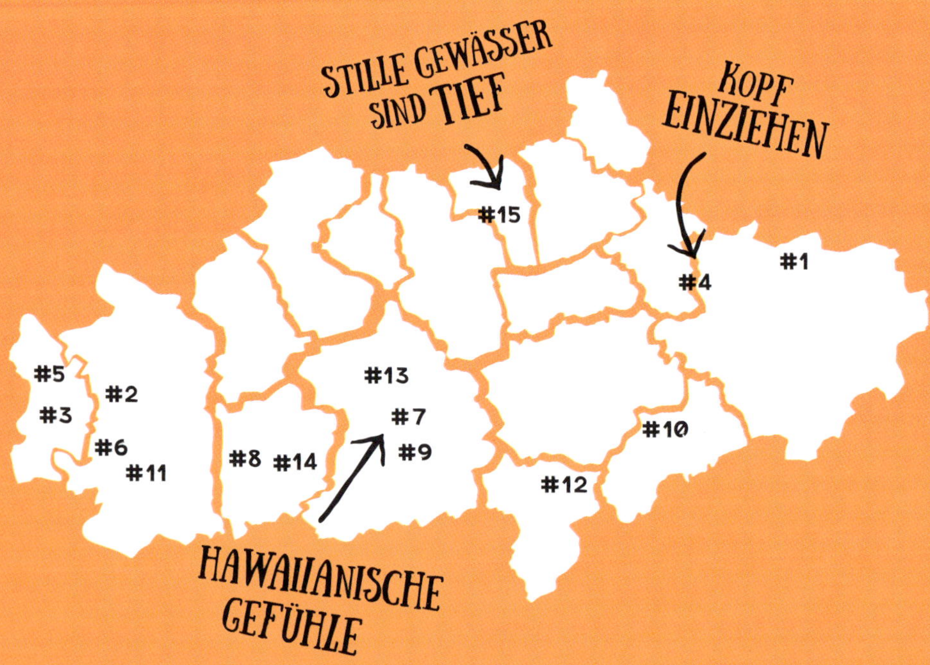

Alternativen zu Boxsack & Yogamatte

Die Hüften kreisen lassen, einmal Disc-Golf ausprobieren oder mit dem Board übers Wasser gleiten. Wer sich auspowert, lässt den Stress ganz einfach hinter sich.

SCHAUKELN MIT AUSBLICK

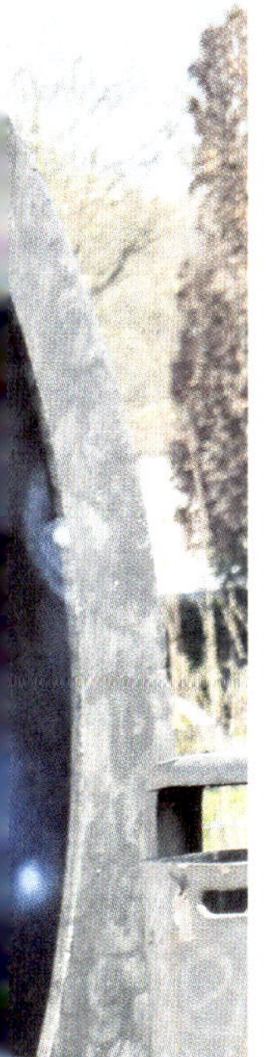

... an der Zeche Gneisenau in Dortmund

#1 *Das Gelände rund um die Zeche Gneisenau ist ein Mix aus Neu und Alt. Zwischen Vergangenheit und Gegenwart liegen hier nur ein paar Schritte. Ganz oben auf der Halde eine XXL-Schaukel mit Blick auf die Zechengebäude, unten ein Skatepark und Platz zum Chillen.*

#Schaukelnmachtglücklich #besteAussicht #Zechennostalgie

Nach dem Schaukeln noch ein wenig austoben? Im Skatepark ist genügend Platz für ein kleines Match oder eine Kletterpartie. Im Hintergrund immer die Zechengebäude.

Warum fühlt man sich als Erwachsener eigentlich immer noch so wohl auf einer Schaukel? Klar, es sind die Erinnerungen an unbeschwerte Kindheitstage, aber da ist noch mehr. Dieses ständige Auf und Ab zwischen Erdanziehung und Schwerelosigkeit lässt den Bauch kribbeln. Gleichzeitig stimuliert die regelmäßige Bewegung das Gleichgewichtszentrum im Ohr. Das Gehirn schüttet Endorphine aus, der Kopf wird frei, und der Stress des Alltags ist auf einmal weiter weg, als das Auge blicken kann. Und das darf es an der Zeche Gneisenau tatsächlich sehr weit.

Die riesige Schaukel steht hier nämlich auf dem höchsten Punkt der Halde, mit einem fantastischen Blick auf die alten Zechengebäude und das Umland. Also draufsetzen, mit den Füßen abstoßen und beim Schwingen mal genauer schauen, was man da so alles sieht. Ganz hinten in der Ferne ist die Skyline von Dortmund zu erkennen. Vor einem links steht der Tomson-Bock, er wurde Ende des 19. Jahrhunderts nach dem Werksdirektor der Zeche Gneisenau benannt und ist im Ruhrgebiet das älteste erhaltene stählerne Fördergerüst. Auch die Schachthalle mit einem Teil des Wagenumlaufs ist noch erhalten. Daneben erhebt sich eindrucksvoll das Doppelbockfördergerüst. Es fällt durch seine fast senkrechte Bauweise auf. Der Platz war so begrenzt, dass die Maschinenhäuser besonders nah stehen mussten udn so auch wenig Raum für die Gerüstkonstruktion blieb.

Obwohl die Zeche im Zweiten Weltkrieg schwer beschädigt wurde, schaffte sie in den Folgejahren einen bemerkenswerten Aufstieg: 1970 durfte sich Gneisenau mit einer Jahresförderung von mehr als drei Millionen Tonnen Kohle das förderstärkste Bergwerk im Ruhr-

gebiet nennen. 1985 war dann aber Schicht im Schacht, nur die Kokerei auf dem Gelände arbeitete noch bis 1989. Der Tomson-Bock mit der Schachthalle, das Turmgerüst und die Maschinenhäuser stehen seitdem unter Denkmalschutz.

Das Außergewöhnliche an diesem Ort? Historie und Moderne liegen ganz dicht beieinander. Deshalb geht's nun zum Auspowern in den unter der Halde liegenden Skatepark. Ganz Ambitionierte erobern mit ihren Boards die Rampen, gerade nach Feierabend steht einem der Kopf aber vielleicht eher nach leichter sportlicher Betätigung. Deshalb die Schläger aus dem Rucksack geholt und den Court für ein Federball-Match nutzen. Und die Rampen kann man am Schluss dann ja doch noch erobern – als Chill-out Area, wenn die Sonne langsam hinterm Fördergerüst untergeht.

FAZIT: SCHAUKELN MIT AUSBLICK AUF EINE ALTE ZECHE – SCHÖNER GEHT'S KAUM.

Hin & weg: Buslinien 410, 411 und 420 bis Dortmund Derne Bahnhof.

Beste Zeit: Sommer.

Dauer: Je nach Laune, gerne bis zum Sonnenuntergang.

Ausrüstung: Fernglas, Federball-Schläger.

 ... im Botanischen Garten Duissern 

#2

Solch ein Kleinod erwartet wohl kaum jemand in Duisburg. In dieser Großstadtoase kann man die Seele baumeln lassen und sich gleichzeitig auf eine Entdeckungsreise durch Flora und Fauna begeben. Sogar einen Mammutbaum gibt's zu bestaunen.

Wer nach der Arbeit ein wenig Erholung in der Natur sucht, denkt mit Sicherheit nicht als Erstes an Duisburg-Duissern. Tatsächlich zieht sich durch den Stadtteil aber ein beeindruckender Grüngürtel, der vom Goerdeler-Park über die Königsberger Allee bis zum Botanischen Garten am Fuße des Kaiserbergs reicht. Streng genommen ist es gar kein Botanischer Garten, da es keinen Samenindex und keinen wissenschaftlichen Austausch mehr gibt. Aber das sind für den Normalbürger nur Nebensächlichkeiten. Viel zu entdecken bleibt in jedem Fall.

Ein Besuch lohnt sich eigentlich das ganze Jahr über, aber gerade im Frühling, wenn die ersten Blüten ihre Köpfe gen Sonne strecken und die Bäume in einem leichten Hellgrün erscheinen, entfaltet sich eine ganz besondere Stimmung. Der graue Winter ist nun fort, es folgt die helle Jahreszeit, scheint es aus allen Ecken zu rufen und zu zwitschern.

Die besten Plätze, um erst einmal anzukommen, sind die historischen Mercatorstühle unter der Pergola. Im Frühsommer sitzt es sich hier sogar noch schöner, denn dann breitet sich über die Sitzenden ein Baldachin aus Blauregenranken. Aber auch jetzt, wenn die ersten Sonnenstrahlen durchs Gehölz blinzeln, residiert es sich äußerst angenehm, fast wie in einem Kurpark. Vor einem die Blumenwiese und Angelos Café-Restaurant (www.cafe-restaurant-angelos.de), auf dessen Terrasse man übrigens später noch ein Glas Wein trinken kann. Hinter der Pergola befindet sich ein naturnaher Garten. Das Areal mit Trockenmauer, Totholzhaufen, Nisthilfen und Kräuterspirale ist bei Biene und Co. äußerst beliebt.

Sporteln, chillen, Nester bauen – im Botanischen Garten Duissern ist vieles möglich. Ein richtiges kleines Paradies für Mensch und Tier.

Ein paar Schritte weiter liegen die Teichanlagen. Ein bisschen trostlos sehen sie zu dieser Zeit aus. Wer aber Glück hat, kann dem einen oder anderen gefiederten Bewohner beim Nestbau zuschauen. Im Anschluss geht's auf Pflanzenentdeckungsreise. In den ersten Monaten des Jahres ziehen sich vor allem die Frühblüher Tulpen, Narzissen und Stiefmütterchen wie ein farbiger Teppich durch das Gartenareal. Später im Jahr kommen dann die Rhododendron- und Azaleensträucher dazu, schließlich ein Meer an Rosen. Die Bäume mögen vielleicht noch etwas kahl sein, aber alleine die Größe der hier stehenden Exemplare beeindruckt schon. Im Park wächst sogar ein Mammutbaum, der eine Höhe von 35 bis 50 Metern und einen Stammdurchmesser von zwei Metern erreichen kann.

Nun darf man es sich aussuchen: Entweder soll es ein gemütliches Plätzchen auf einer der Bänke sein – oder der Ehrgeiz packt einen, und es geht auf einen Abstecher in Richtung Kaiserberg, der hinter dem Park liegt. Es ist auch mehr ein Hügel als ein Berg, und nach einem kleinen Aufstieg steht man schließlich auf dem Plateau. Links fällt der Blick auf Duissern, rechts auf den ehemaligen Wasserturm. Davor präsentieren sich vier prächtig blühende Bäumchen. Geradeaus ein fantastischer Ausblick bis zum Landschaftspark Duisburg-Nord. Also einfach hierbleiben bis die Sonne untergeht ... oder doch wieder absteigen, unten wartet ja immer noch ein Glas Wein auf der schönen Terrasse.

FAZIT: EINE KLEINE OASE DER RUHE IN DER RUHRMETROPOLE DUISBURG.

Hin & weg: Buslinien 930, 931 und 939 bis Duisburg Botanischer Garten.

Beste Zeit: Während der Blühsaison. Täglich geöffnet bis zum Einbruch der Dunkelheit. Genaue Öffnungszeiten unter www.duisburg.de > Wohnen und Leben > Flora und Fauna > Botanische Gärten

Dauer: Aufenthalt zwischen 30 Min. und bis es dunkel wird.

Ausrüstung: Fotoapparat, App zur Pflanzenbestimmung, Decke für den Sonnenuntergang auf dem Kaiserberg.

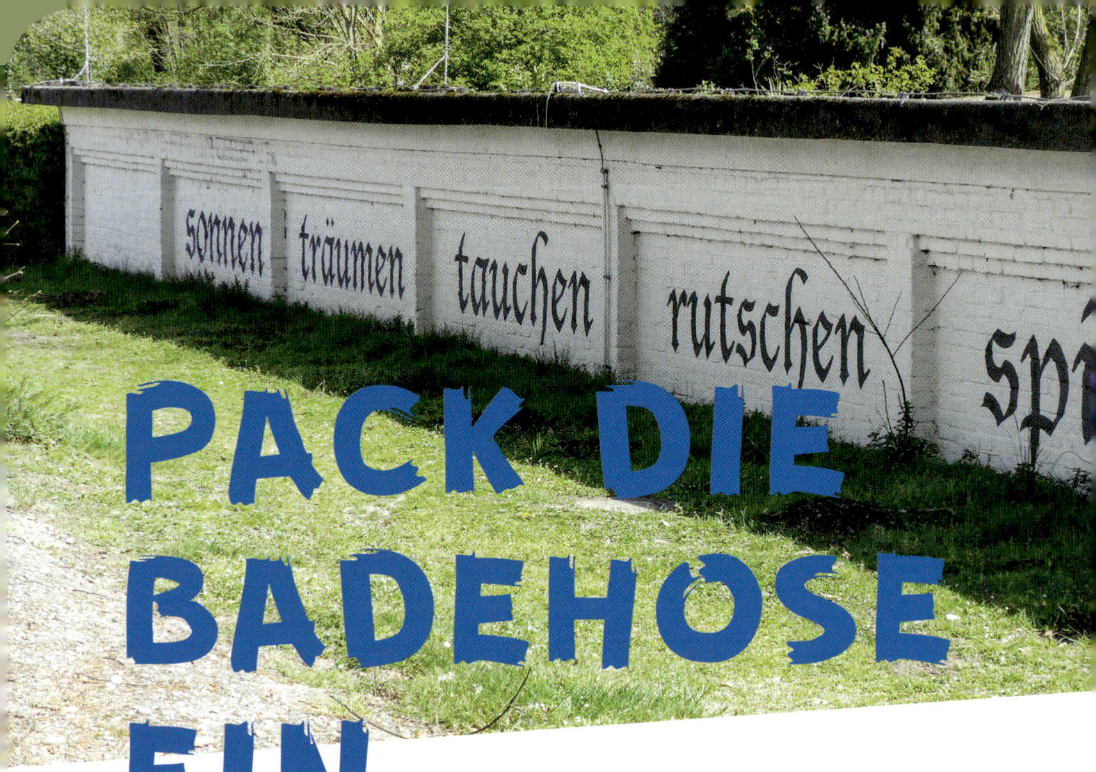

PACK DIE BADEHOSE EIN

… im Bettenkamper Meer in Moers

#3

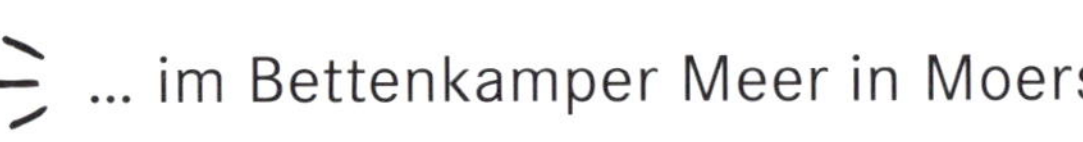

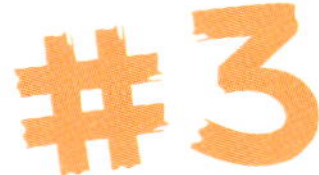

Dieses Schwimmbad bietet etwas, was man in vielen anderen Bädern nicht erlebt: Entschleunigung pur! Auch an heißen Sommertagen wird es selten hektisch, und dabei weht immer ein leichter nostalgischer Wind, der an gestreifte Badeanzüge und opulente Badekappen erinnert.

#Generationenglück #Großstadtoasen #lauschigeSommerabende

Schwimmen wie zu Großmutters Zeiten, so lautet die Devise in der natürlichen Schwimmanlage.

Es reicht schon aus, vom »Bettenkamper« zu sprechen, und der Moerser weiß Bescheid. Nicht wenige haben nostalgische Erinnerungen an die seit 1924 bestehende Badeanstalt: Wie sie als kleines Kind im Fahrradkorb der Eltern zum Bad kutschiert wurden, die Rutsche hinuntersausten und ihre ersten Schwimmzüge im kühlen Nass wagten. Jahre später war es dann ein beliebter Treffpunkt zum Spielen, Entspannen und Klönen mit Freunden. Und auch der eigene Nachwuchs lernte hier schwimmen.

Dem Moerser sein beliebtes Naturbad samt Erinnerungen wegnehmen? Nein, das geht nun wirklich nicht! Davon war der Verein Freundeskreis Naturfreibad Bettenkamper Meer überzeugt, als das Bad zwischen 1991 und 1995 schwierige Zeiten durchlebte und kurz vor der Schließung stand. Der Verein kämpfte mit vollem Einsatz für das Bettenkamper – bis es sich schließlich seinen festen Platz als wichtiges Kleinod in der Großstadt erobert hatte. Erhalt und Ausbau werden heute noch vom Verein gefördert.

Von mehreren Stegen aus gelangt man ins Wasser.

Trotz Modernisierungsmaßnahmen hat das Bad nichts von seinem historischen Ambiente eingebüßt – auch wenn die gestreiften Einteiler inzwischen eher Bikinis und Badeshorts gewichen sind. Heute gibt's barrierefreie Zugänge, Spielgeräte für Kinder, einen Wasserspielplatz mit Matschbereich, eine Strandbar, Sandflächen und Strandkörbe.

Geblieben ist die Natürlichkeit der Wasseranlage ohne technische Umformungen und Chlorgehalt. Als Teil eines alten Rheinarms und gespeist aus dem Aubruchkanal geht das Bettenkamper Meer direkt in den Moersbach über. Die Wassertemperatur zeigt sich erfrischend kühl, selten steigt sie über 22 Grad. Also nichts wie los, die Strandtasche geschnappt und rein in die Feierabendentspannung.

Beim Betreten des Bads warten direkt am Eingangsbereich erste Liegeflächen mit Sonnenschirmen und Liegestühlen in Wassernähe. Über die Brücke geht's zur großen Liegewiese, wo es sich unter schattenspendenden Bäumen hervorragend relaxen lässt – und vielleicht auch die ein oder andere schöne Erinnerung an die Kindheit aufkommt.

Langsam über die Wiese schlendern, den Ausblick genießen und sich dann entscheiden: Lieber in den Strandkörben mit Sand unter den Füßen den wohlverdienten Feierabend genießen oder direkt ins kühle Nass

An den Umkleidekabinen leben vergangene Zeiten auf Bildern wieder auf.

hüpfen und mit ein paar strammen Bahnen etwas gegen die steifen Gelenke tun? Ein wenig Aktivität nach Büroschluss hat ja noch nie geschadet. Wenn es noch mehr Sport sein soll, warten Volleyballfeld und Tischtennisplatte.

Runterkommen lässt es sich außerdem ganz wunderbar in der Strandbar 1924, die seit der Modernisierung auch außerhalb der Öffnungszeiten des Bades zugänglich ist. Hier kann man den warmen Sommertag mit einem kleinen Imbiss oder kühlen Drink ausklingen lassen und regelmäßig den Klängen von Live-Musik lauschen. Und ein wenig das ewig lauernde Fernweh stillen – am beschaulichen westlichen Rand des Ruhrgebiets.

FAZIT: ALTER CHARME IM NEUEN GEWAND, IMMER EINEN BESUCH WERT.

Hin & weg: Buslinie 3 bis Moers Biefang oder Am Brink.

Beste Zeit: Bei Badewetter. Aktuelle Öffnungszeiten unter www.enni.de > Freizeit > Bäder > Naturfreibad Enni Bettenkamper Meer, mehr Infos über das Bad auf der Vereinsseite www.bettenkamper-meer.de, Programm in der Strandbar: www.facebook.com/Strandbar-1924-im-Bettenkamper-Meer-154154771303787

Dauer: Individuell – von ein paar schnellen Schwimmzügen im Wasser bis zum Cocktail bei Sonnenuntergang.

Ausrüstung: Badesachen, Picknickkorb, Spiele & Co.

KEYSTONE
opto
PUTT & APPROACH
S2 G5 T-1 F1

VORSICHT, FLIEGENDE SCHEIBEN

… beim Disc-Golf im Revierpark Wischlingen

Fitness und Entspannung in einem: Hüfte schwingen und gleichzeitig das weitläufige Gelände des Revierparks erkunden. Die Disc fliegt dabei einmal durch den ganzen Park, Päusken zwischendurch sind natürlich erlaubt. Den Cocktail am Ende hat man sich dann wirklich verdient.

#dasRundemussinsRunde #SportanderfrischenLuft #Hüftschwung

Ziel anvisieren und mit Schwung die Scheibe fliegen lassen. Nach der Disc-Golf-Runde wartet natürlich noch eine erfrischende Belohnung. Am Parkstrand locken Eis und Cocktails.

Man nehme eine Frisbeescheibe, einen golfplatzähnlichen Parcours und einen mehr oder weniger geschmeidigen Oberkörper. Dieser Spaß nennt sich Disc-Golf und ist zurzeit im Ruhrgebiet richtig angesagt. Profis nutzen je nach Herausforderung verschiedene Discs. Für eine entspannte Feierabendrunde reicht eine Standard-Ausstattung aber vollkommen aus: bequeme Kleidung und eine bunte Scheibe, die man sich auch vor Ort ausleihen kann.

Wer diesen schwungvollen Outdoorsport einmal ausprobieren möchte, findet zum Beispiel im Westen von Dortmund eine Möglichkeit. Und was für eine, denn der Parcours im wunderschönen Revierpark Wischlingen darf sich mit seinen 23 Bahnen Deutschlands zweitgrößter Kurs nennen. Schön abwechslungsreich ist es hier – Wiesen, Waldflächen und die Disc-Golf-Strecke ziehen sich durch den gesamten Park. Bergauf, bergab, um Bäume herum und rund um einen See, in dessen Tiefen schon die eine oder andere Disc verlorengegangen sein soll.

Ziel des flotten Spiels: Die Scheibe mit möglichst wenigen Würfen in einen ca. 1,60 Meter hohen Zielkorb mit Auffangketten aus Metall fliegen zu lassen, der sich immer am Ende des jeweiligen Parcours befindet. Also Entfernung und Windverhältnisse abschätzen, Hüften leicht eindrehen und dann ab damit. Die Disc kann bei perfekter Technik richtig Schmackes haben, da sind schon mal Geschwindigkeiten von über 100 km/h drin. Daher immer schön schauen, ob sich nicht gerade jemand in der Umgebung befindet. Ansonsten »Kopf einziehen« rufen. Weiter geht's da, wo die Disc liegenbleibt, und gewonnen hat derjenige mit

der geringsten Anzahl an Würfen. Übrigens: Hier braucht wirklich niemand ein echter Profi zu sein, nach ein paar Würfen hat man den Dreh gut raus.

Wer jetzt doch ins Schwitzen gekommen ist, kann sich am Parkstrand mit seiner bunten Beachbar (www.revierstrand.de) einen kleinen Cocktail gönnen. Oder das berühmt berüchtigte, weil so leckere Eis von Hitzefrei schlecken (www.hitzefrei.info). Und wer jetzt richtig Spaß an Disc-Golf gefunden hat, schmeißt sein Frisbee einmal durch das gesamte Ruhrgebiet. Denn auch andere Pottstädte bieten inzwischen diesen Outdoorspaß an. Allen voran der Seepark Lünen mit seinen 26 Disc-Golf-Bahnen als größter Parcours Deutschlands. Weitere Anlagen findet man zum Beispiel im Wittener Pferdebachtal oder im Herner Gysenbergpark. Auf geht's!

FAZIT: MIT SCHMACKES DIE AUFGESTAUTEN EMOTIONEN VON SICH WERFEN.

Hin & weg: S2 oder Buslinien 447 und 465 bis Dortmund Wischlingen S-Bahnhof.

Beste Zeit: Frühjahr bis Spätsommer.

Dauer: Eine komplette Runde ca. 2,5 Std., aber jeder spielt so lange oder kurz, wie er mag.

Ausrüstung: Disc (falls vorhanden), bequeme Kleidung, ein wenig Geld für den Belohnungscocktail.

RELA

BARFUẞ STATT LACKSCHUH

 ... im Jungbornpark in Moers-Repelen 

Wer am Ende des Arbeitstages das drückende Schuhwerk satt hat, dem sei ein Barfußpfad empfohlen. Mit nackten Füßen den Spuren des Lehmpastors durch Wasser, Schlamm, Mulch, Sand und Kiesel folgen und ein ganz neues »Geh«-fühl entdecken. Zum Beispiel im Jungbornpark in Moers-Repelen.

»Ohne Strumpf und ohne Schuh, kommt die Gesundheit im Nu.« So oder so ähnlich mag Pastor Felke gedacht haben, als er vor über 100 Jahren in das damalige Bauerndorf Repelen kam und daraus einen Kurort machte. Als »Lehmpastor« bekannt geworden, schickte er seine Kurgäste barfuß über Stock und Stein, durch Lehm und Wasser, um ihre Lebensgeister zu wecken und die Gesundheit zu fördern. Riechen, schmecken, sehen, fühlen und hören – über die Sinne ganz einfach zurück in die Gegenwart kommen, das funktionierte damals wie heute.

Seit 2010 ist der Barfußpfad feste Attraktion im Jungbornpark. Wie zu Pastor Felkes Zeiten bekommen die Füße ganz unterschiedliche Bodenbeläge geboten, die perfekte Fußreflexzonenmassage. Bei so viel Aussicht auf Gesundheit und Wohlbefinden sind die Schuhe ruckzuck ausgezogen. Der erste Streckenabschnitt führt über Mulch, und das Pieksen bringt die Gedanken sofort in die Gegenwart zurück. Beim Balancieren über Holzstämme ist Koordination gefragt. Ein kurzes Déjà-vu aus der Kindheit erscheint vor dem inneren Auge – von ausgelassenem, in sich versunkenem Entdecken der Natur. Die Ernüchterung folgt prompt am Kneippbecken, wo es im Storchenschritt durchs Wasser geht. Brrr, ist das kalt! Das bekannte Wassertreten nach Sebastian Kneipp soll jedoch einen besonders positiven Effekt auf das Immunsystem haben und den Kreislauf in Schwung bringen.

Dermaßen erfrischt und belebt steht der unerschrockene Barfußpfadler schon vor der nächsten Herausforderung: Ein bläulich glitzerndes Scherbenmeer will jetzt überquert werden. Nach anfänglicher Skepsis zeigt sich

Schuhe aus und dann: Gehe und fühle! Ein Aufruf der ganz besonderen Art und eine willkommene Abwechslung zum eingeschnürten Alltag.

schnell, dass die abgerundeten Scherben nicht nur von Fakiren, sondern auch von ganz normalen Menschen ohne Schmerzen und Blessuren begangen werden können. Die Belohnung folgt prompt durch einen intensiven Reflexzonen-Effekt.

Nach weiteren Balanceakten wartet ein überlebensgroßes Summloch darauf, dass neugierige Besucher ihren Kopf hineinstecken. Ahhh ... Ohhhmmm ... Ssss – wohlige Vibrationen bahnen sich ihren Weg durch den Körper und mit ihnen die wohlverdiente Feierabendentspannung.

Weitere Wegstrecken mit Kiesel, Sand und Grasfläche werden überwunden, bis der Höhepunkt des Barfußpfads erreicht ist: das Lehmbad. Glaubt man dem Pastor, zieht es allerlei Gifte aus dem Körper und hält gesund. Fast bis zu den Knien watet man hier im schlammigen Gewässer. Gut festhalten ist wichtig, die Angelegenheit ist ziemlich rutschig. Wie intensiv die Schlammschlacht auch werden mag, für Abhilfe ist auf jeden Fall gesorgt, denn ein Schlauch mit kaltem Wasser macht matschige Füße schnell wieder sauber.

Am Ende des Pfads prickeln Beine und Füße angenehm, und es stellt sich eigentlich nur eine Frage: Noch einmal von vorne beginnen oder es sich auf der Wiese gemütlich machen und die gewonnene Entspannung weiter genießen? Wer mehr Bewegung braucht, kann den seit 1898 bestehenden Jungbornpark erkunden. Oder das Felke-Museum besuchen, welches Wirken und Heilweisen des Lehmpastors dokumentiert.

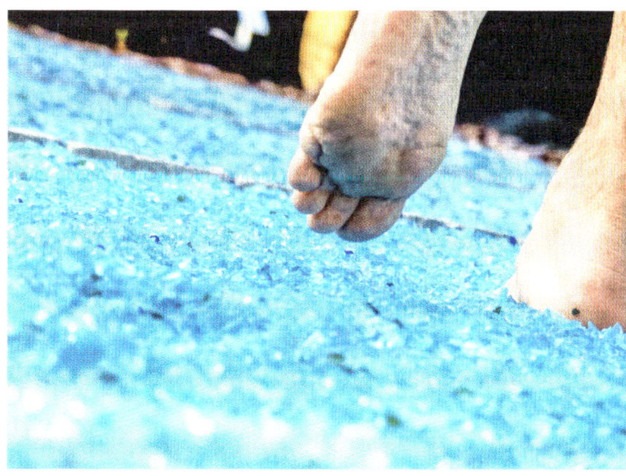

FAZIT: EINMAL DEN BODEN UNTER DEN FÜßEN SPÜREN – DAS ERDET UND ENTSPANNT WUNDERBAR.

Hin & weg: Buslinie 4 bis Moers Feldmannstraße oder Parkstraße.

Beste Zeit: Sobald nackte Füße sich draußen wohlfühlen. Aktuelle Öffnungszeiten und Preise unter www.barfusspfad-moers-repelen.de

Dauer: Für einen schnellen Gang ca. 30 Minuten einplanen. Richtige Entschleunigung dauert aber länger.

Ausrüstung: Ein Handtuch zum Abtrocknen, Kleingeld für das Drehkreuz am Eingang.

FRISCH-LUFT-MUCKI-BUDE

#6

Outdoorsport ist angesagter denn je. Trainieren, wenn's gerade passt. Mit Sonne auf der Haut und Frischluft-Faktor. Der Weg der Bewegung an der Regattabahn in Duisburg-Wedau mit seinen Bereichen Fitness, Wellness und Mobilität ist dafür genau die richtige Anlaufstelle.

#Fitness2.0 #runtervomSofa #Lieblingssportplatz

Das motiviert doch: Beim Sport blickt man immer wieder auf die eindrucksvolle Regattabahn.

Hier erwartet sportelnde Großstädter mehr als ein einfacher Trimm-Dich-Pfad. Stattdessen: moderne Geräte an insgesamt 22 Stationen, um die Muskeln zu stählen, den Körper zu entspannen und auch die Bewegungsfähigkeit zu fördern. Das perfekte Rundum-Sorglos-Paket!

Am Ostufer der Regattabahn beginnt die ausgeschilderte Sportstrecke mit dem Bereich Fitness. Übrigens: Im Kanu- und Rudersport genießt die Regattabahn Weltruf. Viele internationale Wettkämpfe wurden seit der Einweihung 1935 hier ausgetragen. Nun aber los. An sechs Stationen geht's vor allem dem Oberkörper an den Kragen. Schon die erste Übung mit den allseits bekannten Sit-ups hat es in sich. Die Geräte fordern nicht weniger als ihre Indoor-Verwandten im Studio. Zum Glück können die Übungen in den Schwierigkeitsstufen variiert werden. Für die richtige Ausführung gibt's an jedem Gerät eine ausführliche Beschreibung mit Text und Bild. Jetzt nur keine Müdigkeit vortäuschen! Nach dem Bauch sind noch Arme und Rücken dran. Wer Liegestützen und Klimmzüge hasst, hat Pech gehabt. Augen zu und durch! Knackige Körper kommen nicht von alleine.

Derart aktiviert, geht's spazierend oder joggend weiter die Regattabahn entlang. Der Ausblick ist großartig, eifrige Ruderer ziehen auf der Wasserstrecke ihre Bahnen, und die Tribüne ist ein imposanter Anblick. Am Kopf der Regattabahn links auf die Kruppstraße abbiegen, direkt wieder rechts auf die Bertaallee schwenken, und schon führt der Weg an der anderen Seite der Regattabahn wieder zurück. Hier trifft man im letzten Drittel auf den ausgeschilderten Bereich Wellness mit Einheiten für sanfte Bewegungen, Stretching

Alles wieder zu viel? Einfach mal am Rad drehen.

und Atmung. Ein schöner Abschluss nach der Muskelaktivierung. Ein wenig weiter Richtung Wald wartet das Segment Mobilität. Speziell für Menschen mit körperlichen Einschränkungen gibt's einige Trainingsmöglichkeiten zur Verbesserung der Fortbewegung.

Sport, Wellness, ein schöner Spaziergang am Wasser – und der Feierabend ist rund. Wer noch mehr Input will, probiert vielleicht den Weg der Sinne und den Weg des Wissens aus. Oder entdeckt im nahe gelegenen Kletterpark und beim Wasserski verborgene Talente. Die Sportangebote hier im Park scheinen schier endlos zu sein. Unmöglich, diese Vielfalt an einem einzigen Feierabend zu erleben. Vielleicht doch einmal am Wochenende vorbeischauen? Denn jetzt geht's erst einmal gemütlich entlang der Regattabahn wieder zum Ausgangspunkt zurück, geradewegs Richtung Couch.

FAZIT: KÖRPER UND SEELE BEKOMMEN HIER ALLES, WAS SIE NACH EINEM STRESSIGEN ARBEITSTAG BRAUCHEN.

Hin & weg: Mit den Buslinien 928 und 942 bis Duisburg Ausbesserungswerk. Über die Wedauer Brücke geradeaus aufs Wasser zulaufen, dann rechts auf den Rundweg um die Regattabahn.

Beste Zeit: Hier wird das ganze Jahr über trainiert. Es gibt kein schlechtes Wetter, nur falsche Kleidung.

Dauer & Strecke: Ca. 1,5 Std. reine Laufstrecke für 5,5 km. Mit Sporteinheiten bis zu 2,5 Std. einplanen.

Ausrüstung: Sportzeug, Handtuch, etwas zum Trinken.

SWING IT

… im Stadtgarten Essen

#7

In den letzten Jahren erlebte Hula-Hoop eine wahre Renaissance. Und das nicht nur im stillen Kämmerlein, sondern auch auf Grünflächen und in Parks. Kalorien verbrennen mit zusätzlichem Sauerstoff-kick – was will man mehr.

#Ganzkörperfitness #SportmitAusblick #schwungvoll

Stadt neben Natur. Dass man nicht weit von der City entfernt ist, daran erinnert einen der Westenergie-Turm, vielen auch noch als RWE-Turm bekannt, der eindrucksvoll hinter den Bäumen hervorragt.

In den 1950ern eroberte der Hula-Hoop-Reifen ganz Amerika. Die Damen brauchten schließlich eine schmale Taille für ihre Petticoats. Auch im Nachkriegsdeutschland wurde das Hüftkreisen populär und entwickelte sich sogar zu einem richtigen Familiensport. Aber man kennt es ja, irgendwann wird jeder Trend langweilig, und die Euphorie für Hula-Hoop ebbte ab. Im Laufe der nächsten Jahrzehnte fand der Reifen zwar immer wieder mal den Weg ins Kinderzimmer, aber erst vor ein paar Jahren feierte er sein wirklich großes Comeback und löste einen richtigen Hype aus.

Deshalb Reifen eingepackt, und ab zum Hullern in den hübschen Stadtgarten Essen. Der Park darf sich älteste öffentlich zugängliche Grünanlage nennen, 1881 kam er in kommunalen Besitz. Mehrere Male erweitert, präsentiert er sich heute als grüne Lunge der Innenstadt und liegt fußläufig vom Hauptbahnhof zwischen dem Aalto-Theater, der Philharmonie und Rüttenscheid.

Das Publikum? Bunt gemischt! Businesspeople nach Feierabend, Mütter mit ihren Kindern, Boulespieler, die auf der für sie angelegten Bahn die Kugel rollen lassen. Ein richtig urbanes Treiben, in das man mit seinem Hula-Hoop-Reifen perfekt reinpasst.

Der schönste Ort fürs Hüftekreisen liegt in der Mitte des Parks, am großen Teich mit seiner meterhohen Fontäne, die im Licht der Sonne in allen Regenbogenfarben leuchtet. Am besten startet man erst einmal mit langsamen, kreisenden Bewegungen. Diese stärken den Bauch, verbessern die Koordination und wirken sich sogar positiv auf die Verdauung aus. Wer dann das Spiel mit dem Reifen

ein bisschen raushat, darf mal die Geschwindigkeit variieren oder auch die Arme einbeziehen, einfach mitkreisen lassen. Schnell wird klar, da werden wirklich alle Muskeln aktiviert, und wer nachlässt, hat verloren. Sieht leichter aus, als es wirklich ist. Spätestens nach 15 Minuten ruft der Körper: »Päusken!«

Wie gut, dass der Park auch genügend Plätze zum Entspannen anbietet. Man kann sich zum Beispiel die verschiedenen Kunstobjekte im Park ansehen, auf dem Baumlehrpfad etwas über die rund 40 verschiedenen Baumarten der Grünanlage erfahren, einen Espresso auf der schönen Terrasse des Sheraton Essen Hotel genießen – oder der müde Körper setzt sich einfach unter die alte Rotbuche und freut sich im Schatten der dichten Krone über so ein hübsches Fleckchen Erde mitten in der Metropole Essen.

FAZIT: IN DIESEM SCHÖNEN PARK DIE HÜFTEN KREISEN ZU LASSEN, IST KEIN SPORT, SONDERN EIN VERGNÜGEN.

Hin & weg: U11, Straßenbahnlinen 107 und 108 bis Essen Philharmonie.

Beste Zeit: Wenn es warm genug ist.

Dauer: 15 Min. Training, 15 Min. Pause. Wer mag, macht danach noch mal einen Durchgang.

Ausrüstung: Reifen, Handtuch, Wasserflasche.

AUF DIE BRETTER, FERTIG, LOS!

... Stand-up-Paddeln auf der Ruhr

Was macht man am besten an einem warmen Spätsommerabend? Sport? Sonnen? Eis essen? Schwimmen? Chillen? Sightseeing? Am besten alles gleichzeitig. Geht nicht? Und ob! Wer sich mit dem SUP-Board auf die Ruhr wagt, wird mit dem perfekten Feierabend belohnt.

#SUPLiebe #WassersportaufderRuhr #derperfekteSommertag

Ein Board, ein Paddel und los geht's! Aufblasbare Modelle sind gut für unterwegs.

Was ist bloß dran an diesem Brett, auf dem man in gechillter Zen-Manier stehend übers Wasser gleitet? Zugegeben, allein Zusehen wirkt entspannend. Und die Kombination aus Bewegung, wärmenden Sonnenstrahlen und Wasser hat auch etwas. Stand-up-Paddeln – kurz SUP – ist in aller Munde und hat sich auch im Ruhrgebiet in kürzester Zeit zu einem beliebten Trendsport entwickelt. Also nichts wie los, das Brett schnappen und ab Richtung Wasser! Der nächste Einstieg ist gar nicht weit, denn der Pott hat einiges für Wasserratten zu bieten. Zum Beispiel die Ruhr! Der Nebenfluss des Rheins durchquert sieben Großstädte und ist Naherholungs- und Wassersportgebiet zugleich. Vor allem der Abschnitt an der unteren Ruhr ist aufgrund der geringen Strömung sogar flussaufwärts und auch von Anfängern befahrbar.

Idealer Ausgangspunkt ist die Ecke Mendener Straße/Dohne in Mülheim an der Ruhr. Über

die Treppen an der Florabrücke gelangt man ans Wasser. Mag das SUPen zunächst recht wackelig erscheinen, so gewöhnt sich der Körper doch schnell an den ungewohnten Balanceakt. Wem das Stehen zu unsicher ist, der kann auch im Sitzen oder Knien paddeln. Sinnvoll ist auf jeden Fall ein Einsteigerkurs mit Tipps und Tricks für die optimale Technik.

Über einen ruhigen Ruhrarm geht's los Richtung Mülheim City. Man gleitet links am Lokal Fair1-Heim und auch an einem kleinen Kiosk vorbei, der schnell noch Proviant liefert. Kurz darauf teilt sich die Strecke. Rechts beginnt ein malerischer Abschnitt, der einer Museumstour auf dem Wasser gleicht: links ein Blick auf Haus Ruhrnatur samt Museumscafé (www.haus-ruhrnatur.de), die nostalgische Verbunddampfmaschine sowie die Anlegestelle der

Nach Feierabend hat man die Wahl. Entweder gemütlich übers Wasser gleiten oder sich noch mal so richtig auspowern – auf dem SUP ist beides möglich.

Weißen Flotte. Rechts flanieren Gäste an der baumgesäumten Uferpromenade, sitzen auf den Bänken und genießen die Aussicht.

An der Schleuse ist erst mal Schluss für die eifrigen Paddler. Wer eine große Runde Richtung Innenstadt fahren will, muss hier raus aus dem Wasser, um die Schleuseninsel herumwandern und an der Ruhrpromenade wieder einsteigen. Ab da gelangt man Richtung Mülheim Innenstadt mit dem kleinen Stadthafen Ruhrbania und zahlreichen Cafés und Restaurants.

Wer keine Lust auf Stadtatmosphäre hat, holt sich ein leckeres Eis im Café Plati nahe der Schleuse, bevor er den Ruhrarm wieder zurück Richtung Saarn-Mendener Ruhraue fährt. Hier wird die Ruhr breiter, zahlreiche Wassersportler mit Kanus und Ruderbooten aus den umliegenden Vereinen nutzen die Strecke für ihr Training. Weiter Richtung Mendener Brücke beginnt der Ruhrstrand, welcher vor allem an warmen Tagen gut besucht ist.

In einer unberührten Bucht wird der Picknickkorb rausgeholt. Chillen ist angesagt. Wenn man bis jetzt noch nicht vom Brett gefallen ist, lockt Abkühlung in Form einer Runde Schwimmen. Die Sonne sinkt, und mit den letzten warmen Sonnenstrahlen geht's zurück zur Einstiegsstelle. Jetzt noch im Fair1-Heim (www.fair1-heim.de) samt Biergarten mit Ausblick einzukehren, ist auf jeden Fall eine Überlegung wert.

FAZIT: WASSER, BEWEGUNG, ENTSPANNUNG UND SCHÖNE AUSBLICKE – SOMMERTRÄUME WERDEN WAHR!

Hin & weg: Mit der Buslinie 151 bis Mülheim Floraweg.

Beste Zeit: Ganz klar der Sommer! Aber mit dem richtigen Outfit kann man auch im Frühling oder Herbst sehr gut fahren. SUP-Verleih oder Kurse in der Nähe: www.glueckaufsup.de

Dauer & Strecke: Ca. 1 Std. reine Fahrtzeit für 4,5 km. Mit Stopps, Schwimmen und Einkehren auch den ganzen Feierabend.

Ausrüstung: Badesachen, leichte Sportkleidung, wasserdichte Tasche, Essen & Trinken, Geld fürs Einkehren, SUP.

Übrigens: GPX-Download auf Seite 229.

LAUF DER ZEIT

 ... an der Schillerwiese in Essen 

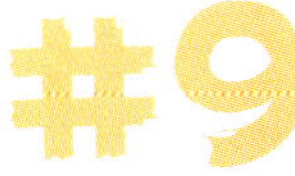

Professionelle Sportler können Outdoortraining ruhig Calisthenics nennen, aber Trimm-Dich-Pfad hört sich doch viel charmanter an. Im Essener Stadtwald trainiert man idyllisch unter Bäumen oder dreht um den Rasenplatz seine Runden.

Nostalgische Gefühle lassen sich beim Betreten der Sportanlage kaum vermeiden.

Die Jedermann-Anlage Schillerwiese ist mehr als nur eine Sportstätte, sie ist ein Ort schönster Nostalgie, an dem schon Generationen übten und schwitzten. Manche Besucher kommen wirklich seit Jahrzehnten hierher. So sieht man den älteren Herrn auf der Laufbahn, nebenan spielen die motivierten Hobbykicker, am anderen Ende der Wiese findet ein kleines Spikeball-Turnier statt und irgendwo brüllt ein Drill-Instructor seine willigen Bootcamp-Teilnehmenden an.

Im vorderen Teil der Anlage wartet auf alle der Trimm-Pfad 4FCircle. Ein perfektes Fleckchen unter hohen Bäumen, um nach Feierabend die überflüssigen Sitzpfunde abzuarbeiten. Wer braucht schon stickige Fitnessstudios (o.k., bei Regen, Sturm und Schnee vielleicht), wenn man Kraft, Ausdauer und Koordination auch an der frischen Luft und zudem komplett kostenlos trainieren kann. 4F steht übrigens für Fit, Free, Fun, Function. Entwickelt wurde das von Sportwissenschaftlern der TU München. Dahinter steckt ein Konzept, das von Gleichgewichtsübungen bis Bockspringen und von Rückentraining bis zu Klimmzügen reicht. Und keine Angst vor Überforderung, jede der zwölf Stationen bietet die Übung in drei verschiedenen Schwierigkeitsstufen an.

Bevor es losgeht, fordert einen das erste Schild zum Dehnen auf. Richtig so, die Muskeln müssen warm werden und die Gelenke gehören geschmiert. Nachdem man sich also nach allen Seiten gestreckt hat, können die einzelnen Übungen in beliebiger Reihenfolge und ganz nach Lust und Motivation durchlaufen werden. Erst mal elegant ein paar Bocksprünge über die Holzbalken, das klappt meistens ganz gut. An der nächsten Station wird

Ein Glück: Je nach Fitnesslevel können die verschiedenen Übungen angepasst werden.

es etwas kniffliger: Um auf der Hängebrücke die Balance halten zu können, braucht es ein wenig Übung. Wer möchte, darf sich anfangs natürlich an den seitlichen Balken festhalten. Wenn's gut klappt, lautet die nächste Herausforderung: rückwärts versuchen.

An den weiteren Stationen warten dann Stange, Beinpresse und Rumpftrainer. Wer regelmäßig Sport treibt, für den sollte das kein Problem darstellen. Aber auch alle anderen dürfen sich hier einfach mal ausprobieren und ohne Scheu ihre Grenzen austesten. Die Stationen sind so gut verteilt, dass man selten auf Schaulustige trifft. Zum Abschluss noch etwas dehnen – oder man nutzt die vielen Wege des Stadtwalds, um Richtung Mondscheinwiese oder sogar bis zum Baldeneysee zu joggen. Hier findet man immer ein nettes Plätzchen, um den Abend entspannt ausklingen zu lassen.

FAZIT: WENN JUNG UND ALT MITEINANDER … EINE JEDERMANN-SPORTANLAGE FÜR ALLE GENERATIONEN.

Hin & weg: S6 bis Essen Stadtwald oder Buslinien 142, 144, 145, 194 bis Essen Stadtwaldplatz.

Beste Zeit: Immer. Außer bei Regen, Sturm und Schnee.

Dauer: Je nach Trainingsprogramm.

Ausrüstung: Handtuch, Wasserflasche.

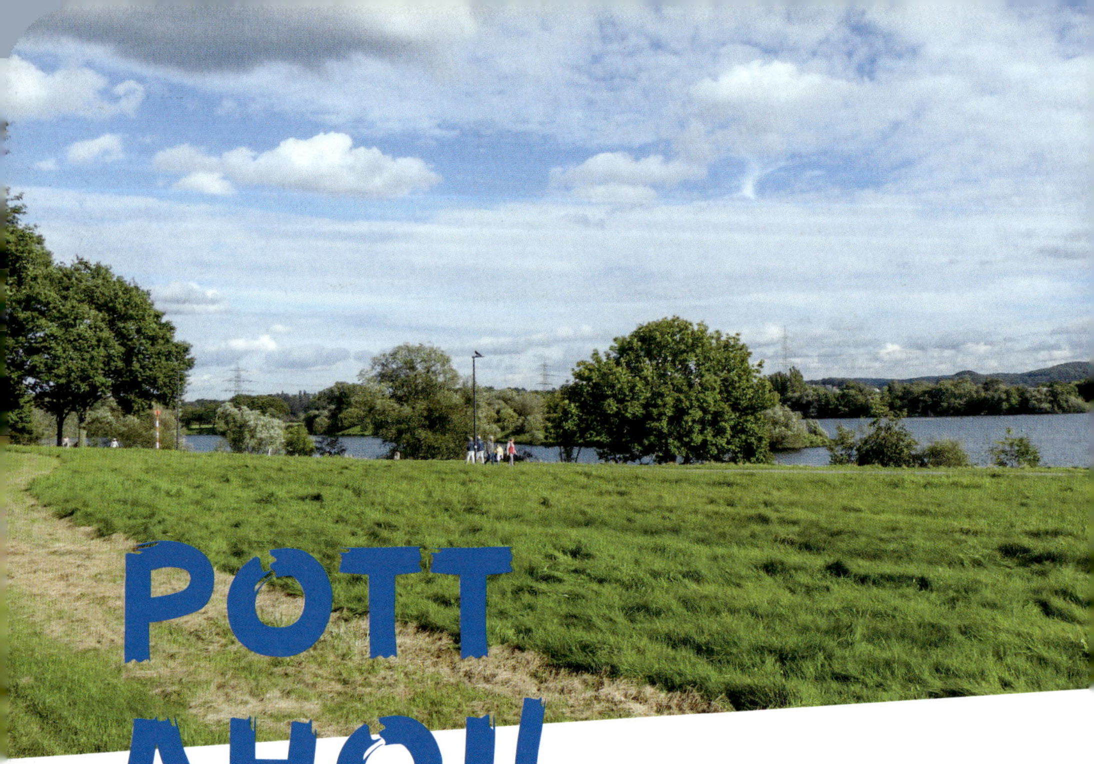

POTT AHOI!

… auf der Ruhrtalfähre Hardenstein bei Witten

#10

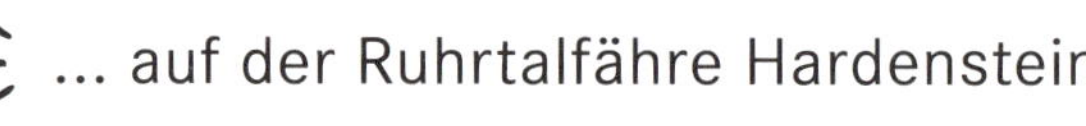

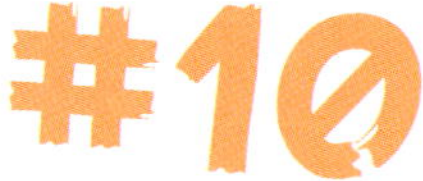

»Leinen los«, das geht auch im Ruhrgebiet. Zugegeben, es ist nur eine kurze Überfahrt zwischen der Schleuse Herbede und der Burgruine Hardenstein, aber sie ist besonders idyllisch. Vorher wartet noch eine Fahrradtour entlang des Ruhrtalradwegs.

#freieFahrtvoraus #übersetzen #Entschleunigung

Der Blick geht von der Fähre aus ans gegenüberliegende Ufer. Dort steht die Burgruine Hardenstein.

Das Gebiet rund um den Kemnader See ist ohne Frage eines der beliebtesten Ausflugsziele im Ruhrgebiet. In den Abendstunden allerdings fährt sich die Strecke zwischen dem Freizeitzentrum Kemnade und der Burg Hardenstein wie eine Tour de Ruh(r) – mit einer Fährfahrt als krönendem Abschluss!

Ein guter Startpunkt für diese Feierabend Eskapade ist der Parkplatz Oveney. Wer kein eigenes Fahrrad besitzt, kann sich ein Bike am Freizeitzentrum Kemnade ausleihen (Achtung: Öffnungszeiten beachten). Von hier aus links halten, entlang des Nord-West-Ufers des Sees – rechts das tiefe Blau des Wassers, links sattes Grün. Am grün-weiß gestreiften Leuchtturm fließt der Oelbach in den Kemnader See, diesem folgt man bis zur Brücke und gelangt so auf den Wittener Teil. Nun entlang der Ruhr sind es eigentlich nur noch zehn Minuten bis zur Fähre, aber bloß keine Hektik, denn es warten noch viele schöne Ausblicke entlang des Ufers.

Jetzt geht's endlich übers Wasser. Es ist zwar bloß ein kurzes Vergnügen – die Fahrt dauert gerade mal vier Minuten – trotzdem Entschleunigung pur. Eigentlich war ja an-

Fahrradfahren an so einem schönen Ort macht Spaß, aber Beine hochlegen ist auch mal angenehm. Und mit solch einem Ausblick aufs Wasser darf die Rast ruhig etwas länger dauern.

statt der Fähre eine Brücke vorgesehen, aber da diese nicht so recht ins Landschaftsbild passen wollte, entschied man sich um. So ging die erste Personenfähre mit dem Namen Hardenstein im April 2006 in Betrieb. Sie präsentierte sich allerdings noch deutlich kleiner als heute, lediglich 16 Personen oder zwölf Fahrradfahrer inklusive Rädern fanden auf ihr Platz. Als der Ansturm wuchs und wuchs, musste eine größere Fähre her. Heute können es in einer Saison bis zu 150 000 Passagiere sein.

Drüben angekommen, steht die Erkundung der Burg Hardenstein an. Im 14. Jahrhundert ließ Heinrich II. von Hardenberg die Wasserburg erbauen, heute wird die Ruine vom Verein Burgfreunde Hardenstein erhalten und gepflegt. Zu sehen sind noch Teile der Ringmauer, die Saalkammer und ein großer Kamin. Natürlich ranken sich um die Burg auch einige Sagen. Wer mehr darüber erfahren möchte, kann mit der App der Stadt Witten in Begleitung von Zwergenkönig Goldemar und Ritter Neveling auf Entdeckungsreise gehen (ar.viality.de/burgruine-hardenstein). Einfach nur im Abendlicht durch die Ruinen schlendern hat aber auch etwas.

Der Rückweg zum Kemnader See kann dann durch Witten-Herbede führen – oder man gönnt sich noch einmal eine Fährfahrt und radelt den gleichen Weg zurück.

FAZIT: HIER KANN MAN SICH AUF EINER FÄHRE DEN WIND UM DIE NASE BLASEN LASSEN.

Hin & weg: Buslinien 350 und 370 bis Bochum Stiepel Dorf.

Beste Zeit: Im Sommer, Infos und Zeiten unter www.wabembh.de

Dauer & Strecke: Mit dem Fahrrad ca. 35 Min. für 10 km (einfache Strecke), Fährfahrt 4 Min.

Ausrüstung: Kleingeld. Die Fahrt ist kostenlos, aber der Käpt'n freut sich über eine Spende.

Übrigens: GPX-Download auf Seite 229.

JENSEITS DER ÖFEN

... auf dem Aussichtsturm Wolfsberg in Duisburg

#11

„Über den Wolken muss die Freiheit wohl grenzenlos sein." Diese Liedzeile kommt einem direkt in den Sinn, wenn man vom Turm in die Ferne blickt. Dort vereinen sich die Farben Grün und Grau zu einer Symphonie, wie sie nur der Ruhrpott hervorbringen kann.

#Ruhrpottblick #sogrünistdasRuhrgebiet #überdenDächern

Wat is dat schön hier! Da staunen selbst eingefleischte Ruhris.

Wer die 16 Etagen und insgesamt 102 Stufen des Stahl-Riesen mitten im Naherholungsgebiet Sechs Seen Platte erklimmt, staunt nicht schlecht, was das Ruhrgebiet alles zu bieten hat: das satte Grün der Wälder und daneben die riesige Seenlandschaft. Dazwischen aber eben auch immer wieder dampfende Schlote, die einen daran erinnern, dass man sich doch im Pott befindet – und nicht etwa im Sauerland oder in der Eifel. Bei gutem Wetter reicht der Blick vom Plateau sogar bis hinein ins Kölner Umland.

So hoch über den Dächern des Ruhrgebietes bläst der Wind die Anspannungen des Tages weg, der Kopf wird frei, der Blick weit. Auf

dem See fahren Segelboote, und auch andere Wassersportler ziehen ihre Kreise. Zahlreiche Spaziergänger und Fahrradfahrer tummeln sich auf dem etwa 25 Kilometer langen Wegenetz rund um die Seen.

Kaum zu glauben, was für ein schönes Naherholungsgebiet in den letzten Jahrzehnten im Duisburger Süden entstanden ist. Bis Mitte des 20. Jahrhunderts befand sich hier noch eine Kiesgrube in Privatbesitz, die Material für den Güterbahnhof und eine Wohnsiedlung lieferte. Der Ankauf durch die Stadt Duisburg und ein umfassendes Renaturierungskonzept ließen sechs Seen entstehen – ein Gebiet mit einer Gesamtfläche von 283 Hektar. Hier findet jeder sein Plätzchen: Sportsfreunde beim Wandern und Radeln, Wasserratten im kühlen Nass, Romantiker beim Sonnenuntergang und

Der Stahlturm ist optisch kein Highlight. Dafür lohnt die Aussicht vom Plateau umso mehr: ein Panoramablick über Wald, Wasser und Industriekulisse.

Frühaufsteher bei der Lieblingsrunde mit dem Hund. Und auch nach Feierabend kann man sich hier ganz wunderbar den Kopf durchpusten lassen. An den idyllischen Seen scheint der Großstadttrubel in weite Ferne zu rücken, und man vergisst schnell, dass nur wenige Straßen entfernt auf der A3 und A59 der Puls des Ruhrgebietes schnell und laut schlägt.

Der Wolfsberg samt Aussichtsturm blickt ganz pottgemäß auf eine eher schmutzige Vergangenheit zurück: Verschiedene Nutzungen – einst Munitionsdepot der Luftwaffe, später Deponie für Industrieabfälle, Trümmerschutt und Müll aller Art – brachten ihm unter Einheimischen auch die Namen Monte Schlacko oder Monte Schrotto ein. Diese Zeiten sind lange vorbei, jetzt ist die Schutt- und Schlackehalde bewaldet und samt Aussichtsturm ein beliebtes Ausflugsziel weit über Duisburg hinaus.

Eine Besteigung lässt sich wunderbar mit einem Spaziergang rund um den Wolfssee verbinden. Am Parkplatz direkt am Freibad Wolfssee starten, über die Brücke geradeaus in das Waldgebiet laufen und rechts halten, bis man zur Halde gelangt. Nach dem Turmbesuch rechts haltend dem Weg am Wasser folgen, dann erreicht man etwa eine Dreiviertelstunde später wieder den Parkplatz. An warmen Tagen wartet auf dem Rückweg manchmal ein kleiner Eisstand vor dem Freibad. Eine herrliche Erfrischung – und nach so viel Bewegung ist das süße Hüftgold auch leichter zu verkraften.

FAZIT: IN DIE VOGELPERSPEKTIVE ZU WECHSELN, DAS ENTSPANNT UND MACHT DEN KOPF FREI.

Hin & weg: Buslinien 934 und 941 bis Duisburg Wolfssee.

Beste Zeit: Frühjahr bis Herbst, am besten bei wolkenlosem Himmel.

Dauer & Strecke: 1,5 Std. reine Wanderzeit für 5,2 km. Mit Turmbesuch und Ausblick genießen mindestens 2 Std. einplanen.

Ausrüstung: Fernglas und Fotoapparat für die tollen Ausblicke.

Übrigens: GPX-Download auf Seite 229.

WALD-DUSCHE

... hinter der Isenburg in Hattingen

#12

Wer Bäume umarmt oder an Blättern schnuppert, erntet inzwischen kein ungläubiges Kopfschütteln mehr, sondern liegt voll im Trend. Waldbaden nennt sich eine aus Japan stammende Methode, die nach einem langen Arbeitstag nicht weniger als Luft und Liebe verspricht. Auf nach Hattingen!

#mitallenSinnen #Naturspüren #freiatmen #imWalddabinichgern

Ommm! Eine kleine Wald-Meditation weckt die Lebensgeister.

→ DAMPF ABLASSEN

Einen perfekten Ort, um *Shinrin yoku*, also Waldbaden, einmal auszuprobieren, findet man ganz in der Nähe der Isenburg. Das Gelände rund um die Ruinen ist ja oftmals gut besucht. Wer aber, vorbei an der alten Freilichtbühne, dem Duft der Bäume folgt, dem eröffnet sich alsbald ein nahezu verwunschener Ort.

Bereits beim Eintritt ins Grün bemerkt man einen Unterschied: Es wird kühler! Im Wald kann es schon mal einige Grad kälter sein als in der Stadt. Das Blätterdach hält die Hitze ab, im Sommer erfrischender als jeder Ventilator. Gleichzeitig verdunsten Bäume bei hohen Temperaturen viel Wasser, die Luftfeuchtigkeit steigt – gut gegen trockene Schleimhäute. Und nicht zuletzt produzieren Bäume und Pflanzen eine große Menge Sauerstoff und ätherischer Öle, die einen richtig gut durchatmen lassen.

Also: erst einmal ankommen, ein paar Schritte laufen, dann stehenbleiben, die Augen schließen und einen sanften Windzug auf der

Hören, schmecken, fühlen – das Waldbad regt alle Sinne an.

Haut spüren. Kräftig durch die Nase einatmen und den Duft des Waldes aufnehmen. Hmmm ... Blätter, Holz, Moos, Pilze. Auch einmal genau hinhören, welche Vögel in den Bäumen zwitschern und was da im Gebüsch raschelt. Oder die Schuhe ausziehen und den Waldboden unter den Füßen spüren. Das alles mischt sich dann zu einem betörenden Mix für alle Sinne.

Weiter geht's in den Wald, bald erscheint auf der linken Seite eine Lichtung. Hier lohnt es sich, im Gras zu sitzen und zu schauen, was für ein Impuls kommt. Vielleicht eine kleine Meditation? Oder eine Visualisierung, dass der Körper im Boden Wurzeln schlägt. Es kann aber auch einfach nur sitzen und ganz ruhig atmen sein. Erdung, Fokus, Stille! Wer möchte, kann sich danach ein Objekt aus dem Wald suchen, zum Beispiel einen Stock oder einen Zapfen, ihm seine ganzen Sorgen und Lasten übergeben und es dann symbolisch hinter sich werfen.

Schon ein wenig befreiter gelangt man nun noch etwas tiefer ins Gebüsch, vorbei an knorrigen Bäumen und Felsschluchten, bis ein Tümpel auftaucht, der sich in einer großen Senke gebildet hat. Wer sich traut, stellt sich der kleinen Mutprobe und geht mit nackten Füßen den schmalen Weg bis zum Abhang. Jetzt die Arme ausbreiten, die Augen schließen und ruhig einmal kräftig schreien. Hört sowieso keiner.

Sich wieder mit der Natur verbinden: achtsames Gehen und Bäume umarmen.

Dann wieder zurück zum Hauptweg, an dem ganz am Ende der Baumbestand wieder lichter wird. Hier ist ein schöner Platz für etwas Wald-TV. Wie bitte? Fernsehen ist jetzt ungefähr das letzte, woran man denken möchte. Aber natürlich ist es ein ganz besonderes Programm. Aus dem Rucksack erscheint ein kleiner Karton, aus dem Boden und Deckel herausgeschnitten wurden. Wer hindurchblickt, erschafft viele kleine, selbst kreierte Waldbilder.

Zum Abschluss kann man gar nicht anders, als nacheinander die schönsten und dicksten Bäume zu umarmen, so sehr liebgewonnen hat man den Wald und seine Bewohner. Danke, ihr alle!

FAZIT: DER WALD ALS GANZKÖRPERERLEBNIS FÜR GESTRESSTE SEELEN.

Hin & weg: Buslinien 141 und 331 bis Hattingen Isenberg, dann den Berg hinauf bis zur Burg.

Beste Zeit: Frühling bis Herbst.

Dauer: Jeder badet so lange, wie er möchte.

Ausrüstung: Karton für die Waldbilder, Decke.

DIE A40 FÜR RADLER

... zwischen Essen und Mülheim

Platt wie 'ne Flunder und fernab des Straßenverkehrs: Das Radeln auf alten Bahntrassen im Pott macht einfach Spaß und ist gar nicht anstrengend. So kommt man komfortabel und staufrei durchs dicht besiedelte Ruhrgebiet. Charmante Pottkulisse, grüne Parks und malerische Sonnenuntergänge inklusive.

#RadelnimRevier #derschnellsteWegdurchsRuhrgebiet #abaufdieTrasse

Eine 50 Meter lange Brücke mit markanten roten Stahlträgern führt über den Niederfeldsee.

Fahrradfahren ist gesund! Doch leider ist der innere Schweinehund oft anderer Meinung. Aber Gründe, sich aufzuraffen, gibt's viele, denn der Pott ist per pedales besser erkundbar als gemeinhin angenommen. In keiner Region Deutschlands liegen die Städte so nah beieinander wie im Ruhrgebiet.

Damit der Ruhri so richtig in Schwung kommt, wurde mit dem Radschnellweg Ruhr (RS1) ein Pilotprojekt gestartet. Nach Fertigstellung soll er der schnellste Weg durchs Revier werden, eine A40 für Radfahrer sozusagen. Auf der geplanten Gesamtstrecke von ca. 115 Kilometern zwischen Moers und Hamm sind bereits viele Teilabschnitte befahrbar – so auch ein Stück der ehemaligen Trasse der Rheinischen Bahn.

Auf rund elf Kilometern verbindet sie das Uni-Viertel in Essen mit der Mülheimer Innenstadt und bietet viele schöne Stopps. Schon kurz nach dem Start am Parkplatz Süd der Uni Essen erreicht man den Krupp-Park. Mit um die 22 Hektar bildet er die grüne Lunge des Krupp-Gürtels – samt idyllischem See, großen Wiesen und vielen Sport- und Spielmöglichkeiten. Nun erst mal einen Halt eingelegt, bevor wenige Radelminuten weiter das nächste Highlight wartet: der Niederfeldsee. Auf einem ehemaligen Bahngelände und Teilen einer Kleingartenanlage wurde ein Gewässer angelegt, das auf einer Brückenseite an einen Hafen mit Promenade erinnert und auf der anderen Seite von grünen Wiesen und flachen, geschwungenen Ufern umgeben ist.

Eis essen, radeln und dann auf der Brücke den Sonnenuntergang genießen. Ein Feierabend auf der Bahntrasse ist Ruhrgebiet pur!

Hier chillt das ganze Viertel Altendorf, sobald das Wetter es zulässt. Mit Picknickdecke am See, joggend, radelnd oder genussvoll der Sonne entgegengestreckt im Café Radmosphäre. Dort gibt's auch leckeres Eis, inklusive einer großartigen Aussicht auf die Fontäne des Sees. Gar nicht so einfach, jetzt noch mal den faulen Feierabend-Schweinehund zu überwinden. Angesichts der kommenden Ausblicke geht's jedoch schwungvoll zurück auf den Sattel und weiter Richtung Mülheim an der Ruhr.

Jetzt hat man viel Zeit, den Blick schweifen zu lassen. Die Strecke ist stellenweise so wenig befahren, dass man ganz entspannt vor sich hin radeln und den ganz speziellen Trassencharme genießen kann. Zunehmende Menschenströme kündigen schließlich die Mülheimer City an. Am Hauptbahnhof vorbei Richtung Innenstadt gelangt man zum Stadt-Viadukt und der Ruhrbrücke Mülheim. Auf einer Bank mitten auf der Brücke ist der perfekte Ort, um ein wenig länger zu verweilen und der untergehenden Sonne bei ihrem atmosphärischen Farbspektakel zuzusehen. Einfach entspannen, eine Kleinigkeit naschen und den Arbeitstag Revue passieren lassen. Wer anschließend noch Lust hat, fährt die Strecke einfach wieder zurück oder nutzt eines der nahen öffentlichen Verkehrsmittel für den Weg nach Hause.

FAZIT: BAHNTRASSENRADELN IST DIE GESUNDE ALTERNATIVE ZUM AUTOBAHNSTAU IM POTT.

Hin & weg: U11, U17, U18 und diverse Straßenbahnlinien bis Essen Berliner Platz.

Beste Zeit: Radfahren kann man das ganze Jahr. Doch besonders schön ist es von Frühling bis Herbst, wenn man entspannt draußen sitzt.

Dauer & Strecke: Reine Fahrzeit ca. 1 Std. für 11 km. Mit Stopps mehr Zeit einplanen.

Ausrüstung: Picknickdecke, Snacks & Trinken, Fotoapparat, Kleingeld zum Einkehren.

Übrigens: GPX-Download auf Seite 229.

TIERISCH WAS LOS

… im Witthausbusch

#14

Wer hätte gedacht, dass mitten im Pott die älteste Entenrasse Deutschlands lebt? In der größten innerstädtischen Parkanlage Mülheims trifft man sie, und noch viele weitere gefährdete Arten von Federvieh und Fellnasen. Kraulen, füttern, beobachten – perfekt zum Runterkommen nach Feierabend.

#Tierestreicheln #besteAntistresstherapie #jawerbistdenndu

Määäh, bist du etwa gestresst? Keine Sorge, nicht mehr lange!

Tiere helfen beim Stressabbau, das gilt mittlerweile als wissenschaftlich belegt. Besprechungstermine, Telefon, E-Mail und Zeitdruck im Job bringen das Blut schon einmal in Wallung. Wer keinen eigenen Vierbeiner zu Hause hat, um das Cortisol des Arbeitstages wegzustreicheln, kann den Bewohnern im Witthausbusch einen Besuch abstatten. Hier warten gleich zwei tierische Attraktionen: das Tiergehege und das Wildgatter in einem Tal mitten im Wald.

Im 3000 Quadratmeter großen Tiergehege leben zahlreiche alte und gefährdete Haus- und Nutztierarten. Weiß-gehörnte Heidschnucken, Walliser Schwarznasenschafe, Thüringer Waldziegen, Meißner Widderkaninchen, Cröllwitzer Puten, Appenzeller Spitzhauben oder

Einfach mal eine Pause machen – im Arche-Park geht's gemächlich zu.

Ostfriesische Möwen, um nur einige zu nennen. 2014 wurde der Arche-Park Tiergehege Witthausbusch offiziell von der Gesellschaft zur Erhaltung alter und gefährdeter Haustierrassen e. V. (GEH) anerkannt. Der Eintritt ist kostenlos und das ganze Jahr über möglich. Gefüttert werden darf mit Spezialfutter, erhältlich am Automaten.

Beim Kontakt mit den niedlichen Fellnasen verwandeln sich selbst sonst so vernünftige Erwachsene in Windeseile in begeisterte Kinder. Sie quietschen, jauchzen und murmeln unverständliche Kosenamen. Manch einer ist sicher froh, dass der Chef gerade nicht zuhört. Doch so viel Begeisterung macht schnell hungrig. Also nix wie hin zum Kiosk, um dampfenden Kaffee und frische Waffeln zur Stärkung zu holen. Letztere werden als echter Geheimtipp gehandelt, und Insider behaupten gar, dass manche nur ihretwegen in den Park kommen.

Die Größe und Schönheit der Anlage laden geradezu dazu ein, sie bei einem ausgedehnten Spaziergang zu erkunden. Nach einem straffen Walk durch Wälder und an Wasserläufen entlang trifft man automatisch auf das Wildgatter, wo das Damwild lebt. Wenn man Glück hat, kommen die scheuen Gesellen nahe an den Zaun und lassen sich streicheln und füttern. Auch hier geraten alle Anwesenden wieder in Entzücken und können sich kaum von den niedlichen Tieren trennen.

Die Treppen hinauf gelangt man zum höchsten Punkt des Wildgatters.

Neben dem tierischen Vergnügen kann man im Witthausbusch auch wunderbar große und kleine Abenteuer erleben. Ob beim Vögelbeobachten, Bucheckernsammeln, der Feuersalamandersuche oder beim Entdecken verborgener Schleichwege – es gibt hier viele Möglichkeiten, in Bewegung zu kommen und den Alltagsstress einfach abzustreifen. Wer Lust auf noch mehr Bewegung hat, hält sich südlich und läuft aus dem Park hinaus Richtung Saarn-Mendener Ruhraue. An der Ruhrpromenade und auch in der Auenlandschaft selbst kann man endlos spazieren, die Natur genießen und zusehen, wie die vorbeifahrenden Boote Richtung Sonnenuntergang gleiten. Ein herrlicher Abschluss eines anstrengenden Arbeitstages.

FAZIT: FRISCHE LUFT UND NIEDLICHE TIERCHEN SIND DIE PERFEKTE ANTI-STRESS-KOMBINATION.

Hin & weg: Buslinie 753 oder Straßenbahnlinie 104 bis Haltestelle Mülheim Witthausstraße. Parkanlage und Wildgehege sind an keine Öffnungszeiten gebunden. Öffnungszeiten Tiergehege Arche Park: www.muelheim-ruhr.de/cms/naherholungsgebiet_witthausbusch1

Beste Zeit: Das ganze Jahr geöffnet.

Dauer: Streichelzoo ca. 1 Std. Mit Walk durch den Park bis zum Wildgehege 2–3 Std. einplanen.

Ausrüstung: Kleingeld für Futterautomat & Kiosk, Fernglas.

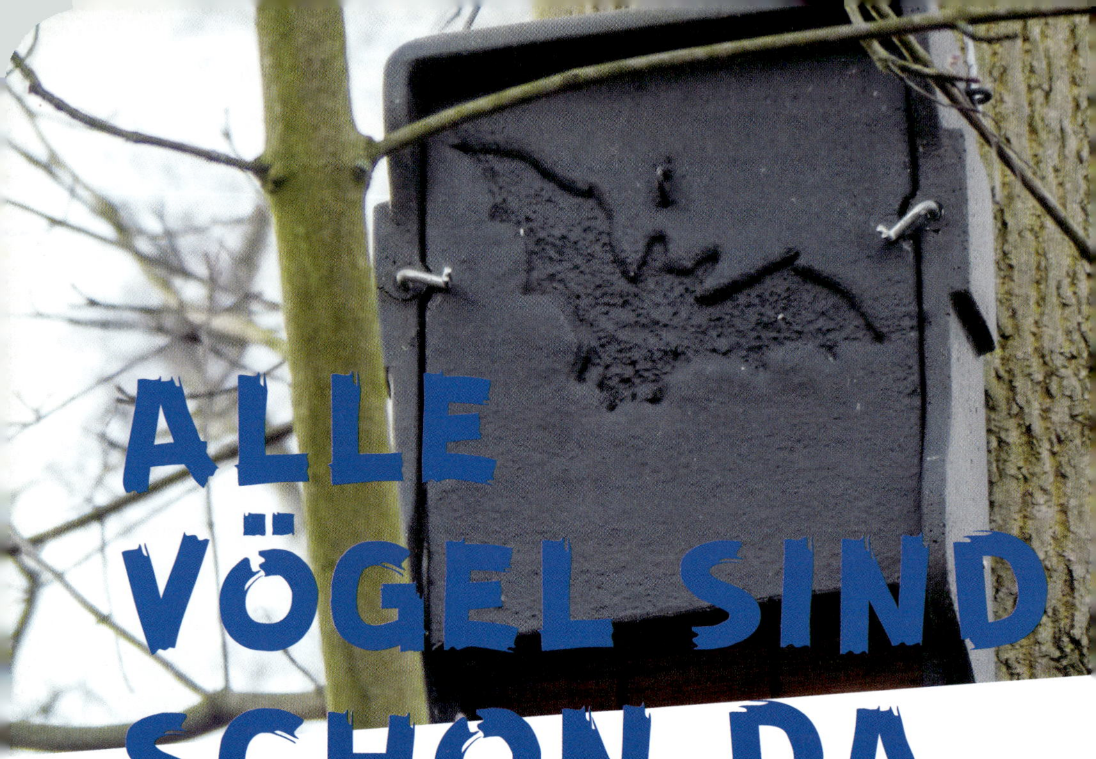

ALLE VÖGEL SIND SCHON DA

... am Ewaldsee in Herten

#15

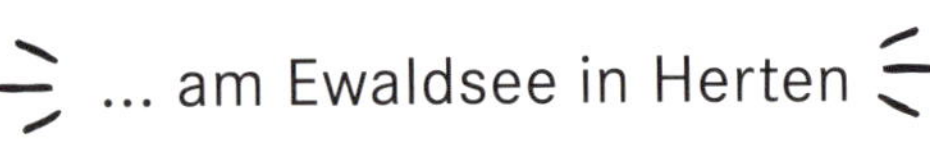

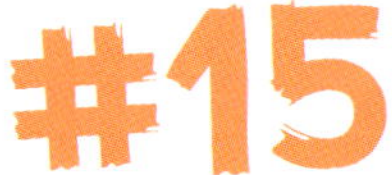

Ja, es stimmt, das Ruhrgebiet ist inzwischen an vielen Stellen richtig schön. Aber manchmal hat man einfach keine Lust, noch groß unterwegs zu sein, und freut sich über die kleinen Naturoasen vor der Haustür. Herten hat es da besonders gut.

#Rundweg #Zwitscherkonzert #NaturinderStadt

Im Schatten der Zeche Ewald liegt ein Schätzchen, das wohl niemand im Umkreis eines Industriegeländes erwarten würde. Nur einmal vom Gelände der Zeche Ewald aus die Ewaldstraße überqueren, und schwupps steht man mitten im Wald. Sofort wird der Lärm im Kopf leiser, und es geht hinein in eine kleine heile Welt. Das hier liegende Naturschutzgebiet Emscherbruch führt bis zum Ziel dieses Feierabend-Ausflugs: dem Ewaldsee.

Blau-silber-grau schimmernd wird das Auge direkt mit einem grandiosen Weitblick übers Wasser beschenkt. Entstanden ist der See übrigens infolge von Bergsenkungen und durch Bodenentnahme beim Bau der A2. Danach wurde er als Kühlwasserreservoir für die Zeche genutzt und ist heute ein wertvolles Biotop, in dem auch bedrohte Tiere und Pflanzen einen Lebensraum finden. Wer möchte, kommt auf dem Metallsteg noch ein wenig näher ans Wasser ran, denn zu entdecken gibt's hier eine Menge: Haubentaucher, Graureiher, Kormoran, Eisvogel, aber auch Ringelnattern (ja, die können schwimmen) fühlen sich in dem urwüchsigen Areal sichtlich wohl.

Danach gilt es sich zu entscheiden – geht man den befestigten Weg oder schlägt man

Erst einmal ankommen und den Blick weit übers Wasser schweifen lassen. Danach geht's um den See.

sich auf dem Trampelpfad direkt am Wasser entlang durchs Gestrüpp? Gestrüpp ist natürlich ein bisschen übertrieben, aber festes Schuhwerk wäre auf jeden Fall angebracht. Es ist halt nahezu unberührte Natur. Am besten auf leisen Sohlen unterwegs sein, denn gefühlt wartet hinter jedem Strauch und Schilfhalm eine neue krabbelnde, flatternde oder tauchende Überraschung. Mit ausreichend Geduld bekommen Auge und Kamera tolle Motive geboten. Aber immer daran denken: Dies ist ein Naturschutzgebiet, das Wohl der

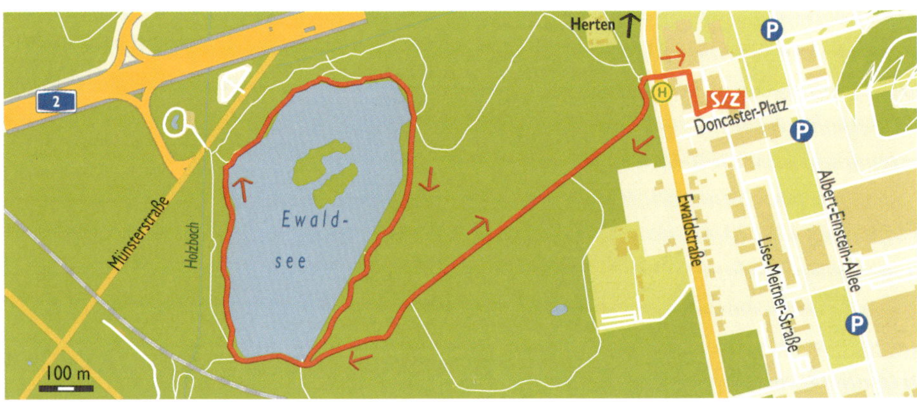

Tiere hat Vorrang! Begibt man sich nur ein paar Schritte weiter, erscheint eine kleine Insel in der Mitte des Sees. Dort drüben stört wirklich niemand die Vogelschar – Fernglas mitnehmen, dann kommt man den Piepmätzen trotzdem ganz nah.

Auf dem letzten Wegstück lässt es sich unter hohen Bäumen herrlich sitzen, danach geht's wieder zum Ausgangspunkt der Tour. Zurück durch den Wald, da blitzt schon bald wieder das Fördergerüst durchs Geäst.

Noch nicht genug Ausblicke gehabt? Dann einfach weiter geradeaus, die Halde Hoheward liegt direkt gegenüber. Oder man erforscht die Zeche Ewald. Wer sie mal auf eine ganz andere Art entdecken möchte, dem sei die App Perspektivwechsel (Eskapade #43) empfohlen.

FAZIT: ES LOHNT SICH, AUCH MAL WORTWÖRTLICH HINTER DIE SEHENSWÜRDIGKEITEN ZU SCHAUEN.

Hin & weg: Schnellbus SB27 oder ES15 bis Herten Bergwerk Ewald ½.

Beste Zeit: Immer, aber im Winter ist es schön menschenleer.

Dauer & Strecke: Reine Gehzeit ca. 30–45 Min. für rund 3 km.

Ausrüstung: Fernglas, Fotoapparat, festes Schuhwerk.

Übrigens: GPX-Download auf Seite 229.

PLAUDERN UND GENIEßEN

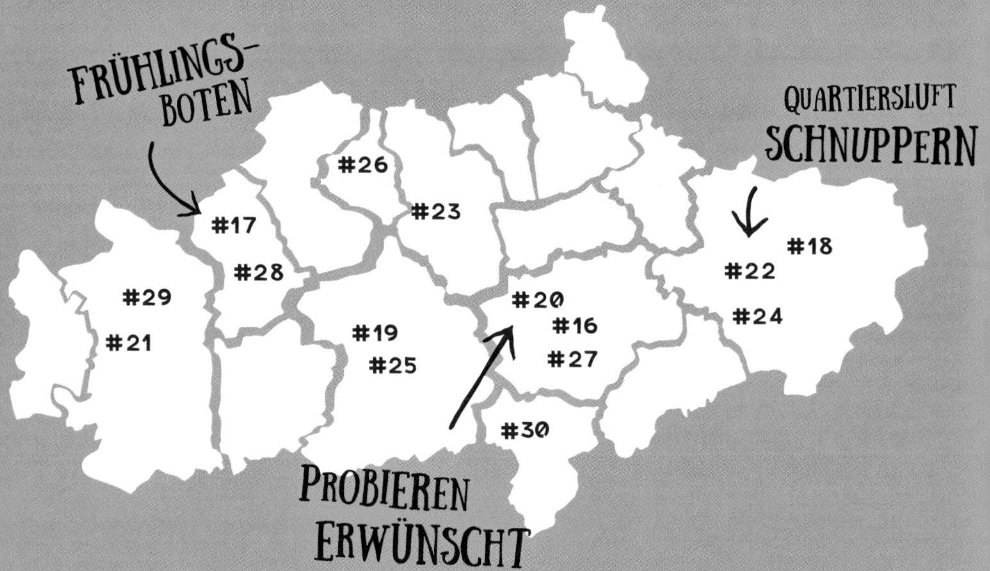

Den Tag Revue passieren lassen

Über den Feierabendmarkt bummeln, Stadtviertel erkunden oder wilde Natur finden. Alles möglich im Ruhrgebiet – und mit Freunden macht's noch viel mehr Spaß.

DATE MIT TANA

... in Bochum-Ehrenfeld

#16

Vor dem Schauspielhaus Bochum wurde der Ruhrpott-Legende Tana Schanzara ein Denkmal gesetzt. Sie gehörte viele Jahre zum festen Bühnenensemble, und die Menschen liebten sie. Unter einem großen Baum in Ehrenfeld kann man mit ihr nun auf einer Bank sitzen und das urbane Treiben beobachten.

#Ruhrpottduse #SeeledesReviers #Künstlerviertel #untermBaum

Tana Schanzara war und ist eine Kultfigur des Ruhrgebiets. Mit ihrem flotten Mundwerk sprach sie dem Ruhri stets tief aus der Seele. Und so lebte sie auch ganz pottgemäß mit ihren Tieren in einem Herner Schrebergarten. Eine Frau mit Schnauze, ein bisschen schrullig vielleicht, aber immer mit großem Herz. In den Augen vieler eine der wenigen großen Volksschauspielerinnen. Sie verlieh Hape Kerkelings Film »Willi und die Windsors«, Helge Schneiders »Jazzclub« und Detlev Bucks »Männerpension« ihren besonderen Charme und war seit 1956 fest am Schauspielhaus Bochum engagiert. Unvergessen ihre Rolle als Büdchenbesitzerin Jendrinski, in der sie tanzte und tratschte wie keine andere.

Ihr Tod 2008 erschütterte dann auch eine ganze Region. Zu Ehren der Schauspielerin wurde ein paar Jahre später der Platz gegenüber dem Theater in Tana-Schanzara-Platz umbenannt und ein Denkmal enthüllt. Jetzt sitzt die Perle des Reviers in Form einer Bronzestatue wieder mitten zwischen ihren Bochumern. Unter einem großen Baum wartet sie gespannt darauf, wer sich neben sie setzt. Man kann

Am Schauspielhaus in Bochum-Ehrenfeld findet man heute eine putzige Statue der Ruhrpott-Duse. Von hier aus kann das Stadtviertel erkundet werden.

sie umarmen oder ihr kleine Geheimnisse ins Ohr flüstern. Tana ist für alle da, ganz so wie früher. Der Ort ist ein beliebter Treffpunkt im Kreativviertel Bochum-Ehrenfeld. Hier philosophieren Studierende und Kunstschaffende, treffen sich Freundinnen zu einem Plausch und genießen Büroangestellte ihren Feierabend. Entweder man stößt mit Tanas Lieblingsgetränk, dem Rotwein, an – oder macht sich doch noch auf, das Künstlerquartier ein wenig zu erkunden.

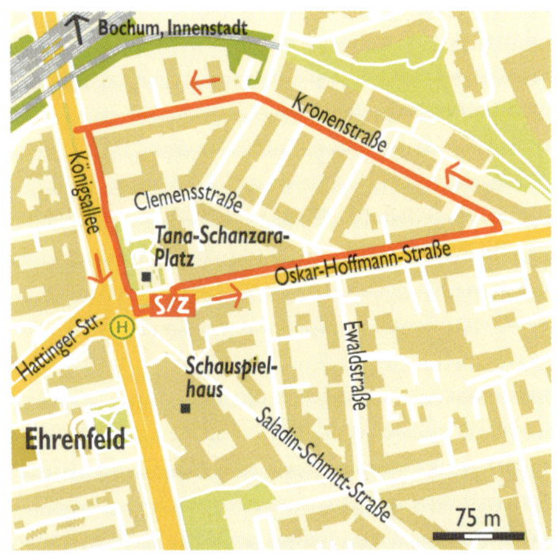

Es ist kein gefälliges Viertel, eher ein raues, das erobert werden möchte. Wer durch die Straßen läuft, muss also genau hinschauen, welche Schätze sich da links und rechts entlang der eher eintönigen Häuserfronten verstecken. Für eine kleine Runde folgt man der Oskar-Hoffmann-Straße, biegt in die Kronestraße ab und lässt sich dann über die Königsallee wieder zurück zum Theater führen.

Ein erster Stopp könnte im Café Fräulein Coffea sein. Hier sitzt es sich drinnen im Vintage-Stil und draußen auf bunten Stühlen

bei Kuchen oder Quiche richtig schnuckelig. Danach geht's auf der linken Seite retromäßig weiter, denn dort wartet das Lädchen Le Salon Vintage mit Mode aus den vergangenen Jahrzehnten. Die Zeitreise reicht vom Spitzenkleid aus den 1920ern über den 50er-Jahre-Marinemantel bis zur Retro-Sonnenbrille. In der Kronenstraße überrascht dann das Café Mascha mit deftige und süße Köstlichkeiten und ein paar Meter entfernt das Café Safran mit leckeren persischen Spezialitäten.

Auf dem Weg zurück entlang der Königsallee sollte man auf jeden Fall noch im Geschäft Stückgut vorbeischauen, eine bunte Mischung aus Mode, Wohndeko und Ruhrgebiets-Accessoires. Wieder draußen kommt das Schauspielhaus erneut in Sichtweite. Zum Schluss noch einmal Tana winken: Tüsskes, bis zum nächsten Mal!

FAZIT: EIN VERDIENTES DENKMAL FÜR TANA UND EIN TOLLER TREFFPUNKT FÜR DEN REST DER WELT.

Hin & weg: Mit dem Schnellbus SB37 und diversen Bus- und Straßenbahnlinien bis Bochum Schauspielhaus.

Beste Zeit: Zur Blütezeit.

Dauer: Rundgang 15 Min., Verweildauer viel länger.

Ausrüstung: Rotwein oder Geld für die Ehrenfeld-Runde.

Übrigens: GPX-Download auf Seite 229.

WILDE NACHBARN

… am Gehölzgarten Ripshorst in Oberhausen

Nix Ballungsgebiet, grau in grau, zubetoniert und null Natur! Auf den Halden und Brachen, an Wegesrändern und in den Parks der Pott-Metropolen grünt und blüht es überall. Bei einer Wildkräutertour in Oberhausen kann man die Pflanzenwelt wunderbar entdecken.

#KräuteramWegesrand #Grünistgesund #Pflanzenkenner

Wenn die ersten Blumen und Kräuter blühen, kommen auch die Insekten aus ihren Winterquartieren.

Zwischen Pflastersteinen lugen Heilkräuter hervor, üppige Beerensträucher erscheinen wie aus dem Nichts, und auf den endlosen Wiesen wachsen die Zutaten für den nächsten Salat. Kaum zu glauben, wie artenreich die Flora in Großstädten sein kann! Ein schöner Startpunkt für Erkundungen ist das Haus Ripshorst, mitten im gleichnamigen Gehölzgarten, in dem sich auch das RVR-Besucherzentrum befindet. Hier gibt es Infos über die Umgebung und einen Fahrradverleih.

Wer auf eigene Faust eine Runde drehen möchte, marschiert am besten über den Parkplatz und überquert die Straße Richtung Kiefernwäldchen. Hier wachsen Gänseblümchen und sogar die echte Kamille. Diese beiden Schönheiten muss man erst einmal voneinander unterscheiden können. Wie gut, dass das Heftchen zur Bestimmung schon in der Tasche verstaut ist. Per App geht so etwas übrigens auch. Ob analog oder digital – Hauptsache, es wandern keine giftigen Pflanzen versehentlich in Mund und Magen. Wer auf Nummer sicher gehen will, ist bei einer geführten Wanderung gut aufgehoben.

Hinter dem Kiefernwald links halten, vorbei an Brombeerbüschen und einer Pferdekoppel durch die Unterführung laufen. Auf den Brachen ringsum hat sich Johanniskraut angesiedelt. Besonders im Sommer erkennt man es gut an einem Meer aus gelben Köpfchen. Hält man sich links und geht den Weg weiter, gelangt man zu einer auffälligen Brücke mit

Admiral oder doch Kleiner Fuchs? Tier- und Pflanzenerkennung per App geht kinderleicht: einfach ein Foto machen und bestimmen.

kleinen roten Bögen, wo auch der Gleispark beginnt.

Seit 1990 ist das Areal eines ehemaligen Güterbahnhofs ein öffentlicher Park, der eindrucksvoll die Robustheit und Wandelbarkeit der Industrienatur demonstriert. Einfach dem Rundweg folgen und staunen, was die Natur sich in einer ehemals unwegsamen Brache zurückerobern konnte: Hier wachsen viele Wild- und Heilkräuter, außerdem Weißdorn, Schwarzer Holunder und Wildrosen. Auch viele Tierarten sind wieder heimisch geworden, zum Beispiel die vom Aussterben bedrohten Kreuzkröten, die den Vögeln, Schmetterlingen und Feldhasen »Gute Nacht« sagen.

Am Ende des Rundwegs vor der Brücke links schwenken und den Treppenaufgang nutzen, um auf die Brücke zu gelangen. Rechts halten, die Straße überqueren und direkt treppab wieder zurück in einen Teil des Gehölzgartens steigen, welcher in seiner Gesamtheit die Vegetationsentwicklung von 60 Millionen Jahren zeigt. Eine Beschilderung verrät, in welchem Abschnitt man sich gerade befindet.

Dem Weg rechts folgen, die Straße überqueren, und schon erscheinen die ersten Esskastanien, die im Herbst Anlaufstelle für fleißige Sammler sind. Der Weg führt nun durch Reihen von Obstbäumen, bis die Route über weitläufige Felder wieder zum Ausgangspunkt zurückführt. Jetzt noch ein Picknick mit den Schätzen des Tages veranstalten? Das wäre doch ein toller Abschluss!

FAZIT: WER DIE TOUR MIT OFFENEN AUGEN GEHT, ENTDECKT VIELE KLEINE WUNDER.

Hin & weg: Bus 957 bis Oberhausen Haus Ripshorst.

Beste Zeit: Von Frühling bis Herbst.

Dauer & Strecke: Reine Wanderzeit ca. 1 Std. für 4,2 km. Mit Stopps und Pflanzenbestimmung kann sich die Tour locker auf 2–3 Std. ausdehnen. Programm RVR-Besucherzentrum Haus Ripshorst unter www.ripshorst.rvr.ruhr

Ausrüstung: Handbuch zur Pflanzenbestimmung oder Handy mit entsprechender App, Tütchen oder Körbe zum Sammeln, Decke fürs Picknick.

Übrigens: GPX-Download auf Seite 229.

WORMLAND
APOTHEKE
BVB
Walk of Fame
43/100
1966
Gerhard Cyliax
Europapokalsieger
BVB 09

Das Drei-eck der Glück-seligkeit

... beim Kultfeierabend in Dortmund

#18

Pilsken, Knifte und Fußball, damit kann man fast jeden Ruhri sofort glücklich machen. In Dortmund bekommt man diese drei elementaren Dinge des Pottlebens quasi in der Deluxe-Version geboten.

Harte Arbeit, ehrlicher Lohn! Das heißt am Bergmann-Kiosk: lecker Bierchen.

Der Dortmunder liebt sein Feierabendbierchen. Und auch, wenn es hier nicht mehr so viele Brauereien gibt wie früher, darf sich die Ruhrmetropole trotzdem noch mit Fug und Recht Bierstadt nennen. Die Liebe zum flüssigen Gold ist ungebrochen. Eine wiederbelebte Traditionsmarke wartet am Kiosk der Bergmann-Brauerei auf einen Probierschluck. An diesem 1950er-Jahre Schätzchen spülten sich früher die Malocher den Staub von der Lunge, und auch heute gilt hier das Motto: harte Arbeit, ehrlicher Lohn. Dieser wandert dann in Form von Pils, Export, Schwarzbier oder Craft Beer über die Kiosktheke.

Jetzt aber auf ins Stadtgetümmel. Das Ziel ist der Alte Markt. Denn nach dem Durst kommt der Hunger. In Dortmund gibt es statt einer Knifte (belegtes Brot) eine ganz besondere Spezialität: das kreisrunde Kümmelbrötchen mit Namen Salzkuchen. Zu kaufen gibt's ihn bei der Traditionsbäckerei Fischer am Rathaus oder im Brauhaus Wenkers am Markt. Wenkers serviert die Leckerei mit Mett, Schwartenmagen oder Käse. Das zweite Bier, hier sagt man auch Stößchen, lässt dann nicht lange auf sich warten – herrlich, das ist Ruhrgebiet! Rund um den Alten Markt hat man natürlich noch andere Möglichkeiten, den Salzkuchen zu genießen, zum Beispiel im Gasthaus Zum Alten Markt auf seiner schönen Außenterrasse. Oder man lässt sich einfach mit seiner Bäckereitüte auf den Bläserbrunnen in der Mitte des Platzes nieder und hat so den besten Rundumblick über das gesamte Geschehen.

Was fehlt noch? Fußball! Dafür geht's auf einen besonderen Spaziergang, den BVB Walk of Fame. Zwischen dem Borsigplatz und dem

Zum Bier passt am besten etwas Deftiges: Currywurst oder natürlich auch der Salzkuchen.

Signal Iduna Park wurden über 100 Sterne in den Boden eingelassen, die jeweils an einen besonderen Namen oder Zeitpunkt der Vereinsgeschichte erinnern. Rund um den Alten Markt findet man zum Beispiel eine Erinnerung an den ersten DFB-Pokal-Sieg 1965 oder an Lothar Emmerich, den Rekordschützen des Europapokals 1966. Da fällt doch die eine oder andere Fanträne auf die in Stein eingelassenen Bronzesterne.

Vom Markt aus kann der Pilgerweg dann wie gesagt bis zum Stadion führen, oder es geht Richtung Nordosten bis zur Geburtsstätte des Vereins. In der Dreifaltigkeitsgemeinde in der Nähe des Borsigplatzes gründete sich 1901 eine Jungengruppe, aus der 1909 der Ballspielverein Borussia 09 e.V. entstand. Zum Schluss wird's also noch mal richtig andächtig.

FAZIT: SELTEN WURDE LOKALPATRIOTISMUS SCHÖNER ZELEBRIERT.

Hin & weg: U43, U44, Buslinie 452 bis Dortmund Westentor. Bergmannkiosk Hoher Wall 36, Salzkuchen und Fußballsterne rund um den Bereich Alter Markt.

Beste Zeit: Sobald bzw. solange die Gastronomen ihre Tische nach draußen stellen. Infos unter www.harte-arbeit-ehrlicher-lohn.de, www.wenkers.de, www.fischer-am-rathaus.de, www.altermarkt-dortmund.de, www.bvb-walk-of-fame.de

Dauer: Sich eine Stunde durch die Stadt treiben lassen und dann irgendwo einkehren.

Ausrüstung: »Trinkgeld« für Bier und Salzkuchen, Handy, um die Wegkarte der Fußballsterne immer bereit zu haben.

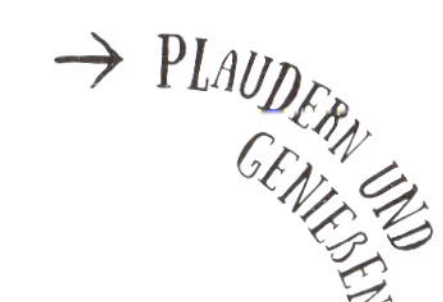

DIE ROSAROTE BRILLE

... während der Kirschblüte auf der Rü in Essen

#19

Ein Traum in Rosa macht Lust auf den Frühling. Wenn die Rüttenscheider Straße ihr schönstes Kleid trägt, schieben die Cafés und Restaurants ihre Tische nach draußen – die farbenfrohe Zeit im Jahr hat begonnen.

#Blütenmeer #Flaniermeile #Sonnegenießen #derFrühlingkommt

Sitzen oder flanieren, plaudern oder gourmieren – die Rü ist das ganze Jahr über ein beliebter Treffpunkt. Im Frühling dann mit rosa Dach und Blütenduft in der Luft.

In Essen-Rüttenscheid gibt's einen inoffiziellen Startschuss der Draußensitz-Saison. Dann nämlich, wenn Anfang April Kirschbäume die Rüttenscheider Straße in ein rosa Blütenmeer verwandeln. Rund zwei Wochen dauert der Zauber, bevor er leider auch schon wieder vorbei ist. Aber diese Zeit will genutzt werden. Die halbe Welt scheint jetzt auf die Rü zu strömen. Entlang der Geschäfte wird flaniert, auf den Außenterrassen fröhlich geplaudert, und gefühlt an jedem Baum steht ein Touri mit seiner Kamera, um das schönste Sonne-blitzt-durch-Kirschbaum-Bild zu erwischen.

Zu verdanken ist die alljährliche Pracht dem Japaner Tadashi Nakamura. Er kam 1954 im Auftrag der Mitsui-Gruppe nach Deutschland und wohnte während seines Aufenthalts in Rüttenscheid. Um sich für die Gastfreundschaft, die er erfuhr, erkenntlich zu zeigen, spendete er Ende der 1980er-Jahre die japanischen Kirschbäume und beschert dem Stadtteil so Jahr für Jahr im Frühling sein rosa Dach.

Ein Spaziergang kann zum Beispiel am Rüttenscheider Stern starten. Auf der gegenüberliegenden Seite hat Nelson Müller sein Bistro. Hier sitzt es sich herrlich bei Bratwurst vom Livar-Klosterschwein und Champagner auf der schicken Terrasse. Wer sich lieber erst einmal nur etwas auf die Hand holen möchte, schaut gegenüber bei Gioia vorbei. Das schnuckelige Eiscafé im ehemaligen EVAG-Häuschen hat leckere Waffeln, die das fröhliche Team bunt mit Süßem belegt. Dann geht's die Rü entlang bis zur Martinstraße. Dort setzt die weiße Kirschblüte übrigens direkt nach der rosafarbenen ein. Hier landet man vor der Siechenhauskapelle, dem ältesten Wahrzeichen

Rüttenscheids und einem der ältesten Kulturdenkmäler Essens. Schon im 14. Jahrhundert fand die Kapelle Erwähnung, heute steht sie unter Denkmalschutz. Tagsüber sind die Innenräume zu besichtigen, zusammen mit den davorstehenden Kirschbäumen präsentiert sich das gelbe Kirchengebäude aber auch von außen als tolles Fotomotiv.

Im Anschluss geht's auf der anderen Straßenseite wieder zurück. Bevor man erneut den Rüttenscheider Stern erreicht, lässt sich auf den Holzbänken vor Dean & David (Tipp: die Bowls!) oder auf der rosa-weißen Terrasse von Miamamia die Abendsonne genießen. Und wer nun die rosarote Brille gar nicht mehr absetzen möchte, der geht am nächsten Tag in den nicht weit entfernten Grugapark. Dort stehen nämlich sogar neun verschiedene Arten der japanischen Zierkirsche.

FAZIT: JEDES JAHR EIN PFLICHTTERMIN, UM DEN FRÜHLING IM HERZEN EINZULÄUTEN.

Hin & weg: U11 und diverse Straßenbahnlinien bis Essen Rüttenscheider Stern.

Beste Zeit: Für das Blütenfest im April, fürs Flanieren der ganze Sommer.

Dauer: Laufzeit Rüttenscheider Stern bis Martinstraße nur 10 Min., dazwischen gibt's aber viel zu entdecken.

Ausrüstung: Fotoapparat, genug Geld, denn auf der Rü kann es auch schon mal etwas teurer werden.

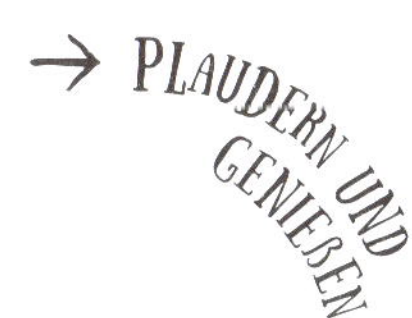

DARF'S EIN BISSCHEN MEHR SEIN?

 … auf dem Moltkemarkt in Bochum 

Markt, das ist doch nur was für alte Leute. Nichts da. Auf dem Springerplatz kauft man nach Feierabend bei lockerer und geselliger Atmosphärc seine Wochenendeinkäufe – und genießt danach das Dolce Vita.

Am Brunnen vor dem Markte, da steht ein Bäckerstand ... und macht Lust auf den kulinarischen Bummel.

Gemütlich über einen Markt zu schlendern, das ist für die meisten Berufstätigen nicht mehr als ein schöner Tagtraum. Wer von 8 bis 18 Uhr im Büro sitzt, hat ja gar keine Möglichkeit, seine Einkäufe am Vormittag zu erledigen. Ein Hoch also auf denjenigen, der die geniale Idee des Feierabendmarkts hatte. Nach der Arbeit frische Lebensmittel kaufen, Leute treffen, quatschen, hier und da etwas probieren, das weckt auch nach einem anstrengenden Tag noch mal die Lebensgeister.

Im Ruhrgebiet gibt es inzwischen einige Möglichkeiten, den immergleichen Supermarktbesuch zu umgehen – eine der schönsten Alternativen findet man in Bochum auf dem Springerplatz. Seit 2013 besteht der Moltkemarkt und hat sich Jahr für Jahr immer mehr etabliert. Heute trifft sich dort jeden Freitag ab 16 Uhr ein buntes Völkchen aus Businesspeople und Familien, Bummlern und Genießern. Auch aus anderen Ruhrgebietsstädten kommen inzwischen die Gäste.

Das Besondere an dem Konzept: Den Einkaufsbummel darf man mit den Augen und den Geschmacksnerven erleben. Die Waren wandern nicht einfach so in den Einkaufskorb, vorher wird probiert. Ist mir die Wurst vielleicht doch zu fettig? Schmecken die Erdbeeren wirklich so gut, wie sie aussehen? Am Käsestand kann man mal versuchen, den Unterschied zwischen Rohmilchkäse und der pasteurisierten Form herauszuschmecken. Kosten kost' hier nix.

Wer es sich nach dem Schlendern so richtig gutgehen lassen möchte, bestellt sich einen Tapasteller und macht es sich unter dem großen Sonnenschirm gemütlich. Wenn dann noch die Lichterketten angehen und sich die

Bunte Vielfalt: Auf dem Moltkemarkt lässt man es sich nach dem Einkauf gutgehen.

Abendsonne im Weißweinglas spiegelt, könnte man fast meinen, man sitzt irgendwo in Rom auf einer kleinen Piazza.

Zum Abschluss steht ein frisch gerösteter Kaffee bei Pour Coffee auf dem Programm. Besonders lecker dazu: die Kuchen im Glas. Und wer für den Samstagmorgen Backwaren braucht, geht zum Stand der Bäckerei Schmidtmeier. Hier gibt's das eigens für den Markt kreierte Moltke-Brot. Nur echt mit den zwei M auf der Kruste.

Auf den Geschmack gekommen? Dann einfach weiter durchs Ruhrgebiet schlemmen. Einen netten Feierabendmarkt finden Besucher zum Beispiel in Bottrop auf dem Rathausplatz, in Gelsenkirchen zelebriert man den Feierabend auf'm Heinrich und die Duisburger City ruft zur Spätschicht.

FAZIT: ENDLICH WURDE DAS FLEHEN DER BERUFSTÄTIGEN ERHÖRT – DIESER MARKT IST FÜR ALLE DA.

Hin & weg: Diverse Bus- und Straßenbahnlinien bis Bochum Verein/JHH.

Beste Zeit: Infos und Marktzeiten unter www.moltkemarkt.de

Dauer: Bummeln, schauen, probieren, verweilen, das kann und darf auch schon mal mehrere Stunden dauern.

Ausrüstung: Einkaufskorb und Geld für die Köstlichkeiten.

Wochenkarte
* Quellsalat mit Tomaten, Gurken 4.90€
und Paprika in Sweet-Chilidressing
* Schweinenackenbraten in

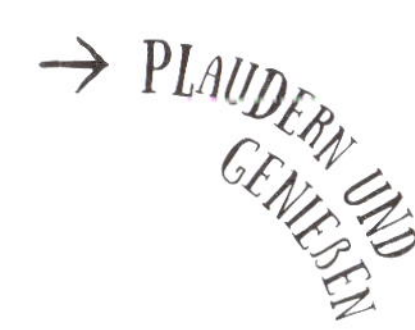

DA STAUNT DIE HEIDI

#21

Mit Sand unter den Füßen und Blick aufs Wasser lässt sich so ein Feierabend doch ganz gut ertragen. Und dafür muss der Ruhri nicht ans Meer fahren. Im Duisburger Rheinpark sitzt es sich auf der Terrasse des Restaurants Ziegenpeter so schön, dass der Kurzurlaub auch in eine Verlängerung gehen darf.

Erst im Ziegenpeter einen Sundowner genießen und dann eine Runde durch den schönen Rheinpark spazieren – so stellt man sich einen perfekten Feierabend im Ruhrgebiet vor.

Der Blick kann hier weit schweifen. Vor einem der Rhein und die vorbeituckernden Schiffe, am anderen Ufer die Rheinauen, links eine hübsche Uferpromenade, rechts die historische Brücke der Solidarität. Man weiß gar nicht, wohin man zuerst schauen soll. Aber es bleibt ja genug Zeit, denn dieses zauberhafte Restaurant ist wirklich ein toller Ort, um hier bis zum Sonnenuntergang zu bleiben.

Im Innenbereich des Ziegenpeter stehen einige Tische und ein romantischer Kamin, im Sommer geht's aber natürlich nach draußen. Dort wartet ein Außenbereich mit weiter Sandfläche, genug Platz für alle. In den Strandliegen lümmelnd oder ganz gemütlich auf großen Holzstämmen sitzend, fällt das Warten bis zum Sundowner-Moment nicht schwer. Falls der Magen knurrt: Auf der Speisekarte stehen selbstgebackene Kuchen, verschiedene Salate und ofenfrischer Flammkuchen. Da das Zicklein aber hier schon Namensträger ist, sollte man natürlich das Käsebrett vom Bööscher Ziegenkäse probieren. Mit Trauben, Walnüssen und Fruchtsenf passt es prima zu einem Glas kaltem Riesling. Antialkoholisch natürlich auch zu einer Rharbarberschorle. Wer lieber zu Hause essen möchte, für den gibt's drinnen eine Auswahl an Brot, Gebäck und Marmeladen zum Mitnehmen.

Was das Konzept noch auszeichnet: Inklusion wird aktiv gelebt. Hier arbeiten Menschen mit und ohne Behinderung zusammen, aber ohne es groß hervorzuheben. In einem ganz natürlichen Miteinander. Auch das Thema Nachhaltigkeit ist dem Team wichtig. Das zeigt sich bei der Auswahl der Lebensmittel und der Verpackung. Ein Restaurant, das mitdenkt.

Wenn dann langsam die Sonne untergeht, lehnt man sich einfach zurück und kann kaum glauben, dass man wirklich mitten im Ruhrgebiet sitzt. Der Himmel färbt sich von Blau zu Orange – ein Farbenspiel, das der Rheinkulisse einen wunderbaren Rahmen schenkt.

Die allerletzten Sonnenstrahlen lassen sich alternativ im hinter dem Restaurant liegenden Rheinpark genießen. Das über 150 Jahre von der Schwerindustrie genutzte Gelände wurde ab 2008 nach und nach in eine eindrucksvolle Parkanlage umgewandelt. Bei einem Spaziergang zwischen Industrie- und Grünflächen, Sportanlagen, Baumalleen und mit Graffiti verzierten Mauern findet jeder seinen Platz – mittendrin oder für sich alleine. Und wen es dann wieder zurück ans Wasser zieht, der setzt sich einfach unter einen Baum an der Rheinpromenade und beobachtet noch ein paar Schiffchen.

FAZIT: EIN SCHÖNES FLECKCHEN RUHRGEBIET UND EIN INDIVIDUELLES KONZEPT.

Hin & weg: Straßenbahn 903 bis Duisburg Hochfeld Süd Bahnhof/Rheinpark. Infos unter www.ziegenpeter-duisburg.de

Beste Zeit: Sommer.

Dauer: Bis zum Sonnenuntergang.

Ausrüstung: Genug Geld, um es sich gutgehen zu lassen.

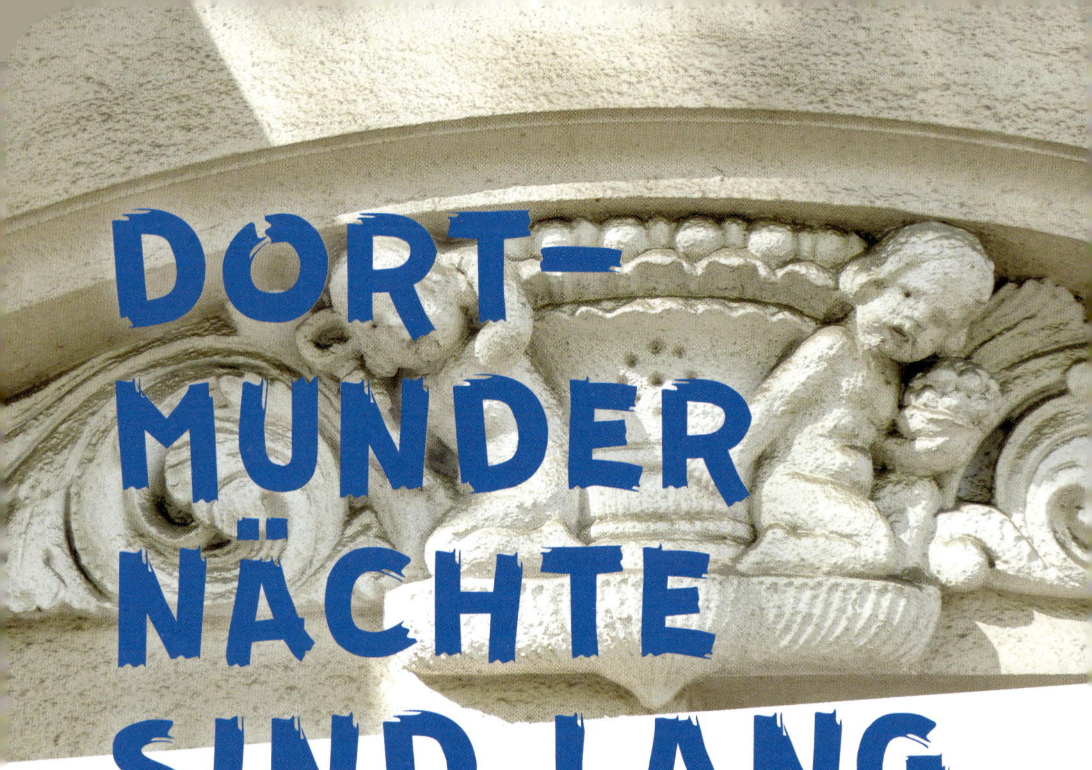

DORT-MUNDER NÄCHTE SIND LANG

… im Kreuzviertel

#22

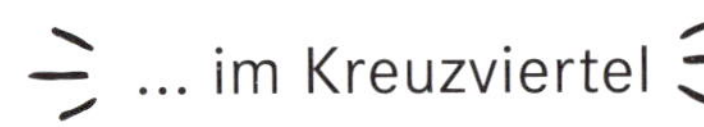

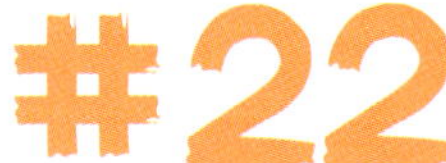

Altbauten, kleine Cafés, schnuckelige Läden, Hofflohmärkte – da kommen doch direkt Hauptstadtgefühle auf. Aber wer braucht schon Berlin, wenn das Kreuzviertel direkt vor der Tür liegt. Ein Spaziergang durch das Quartier kann auch schon mal einen ganzen Abend dauern.

#Quartierrunde #zwischenBüdchenundBistro #buntesTreiben

Dortmunds Szeneviertel hat kulinarisch eine Menge zu bieten. Vom schnellen Feierabend-Snack bis zum ausgedehnten Abendessen.

Am besten startet man ganz Ruhri-like: am Büdchen. Fluppe, Bömsken, Pilsken – am Kiosk in der Straße Neuer Graben gibt es die nötige Wegzehrung für den kleinen Rundgang. Danach erst einmal ein wenig Stadtviertelluft durch die Lungen ziehen.

Richtig los ging es in diesem Dortmunder Trendquartier Mitte der 1970er-Jahre. Die Nähe zur Uni und der Fachhochschule führte dazu, dass sich im Kreuzviertel zunehmend Studenten und Akademiker wohlfühlten. Gleichzeitig etablierten sich immer mehr Gaststätten und Cafés. Heute mischt sich hier ein nettes Völkchen aus Jung und Alt, Singles und Familien, Studierenden und Kunstschaffenden. Benannt wurde das Viertel übrigens nach der Heilig-Kreuz-Kirche, die wie ein Fels in der Brandung inmitten des bunten Geschehens thront.

Zeit, sich der architektonischen Schönheit dieses Viertels zu widmen – und da fallen einem direkt die gründerzeitlichen Altbauten ins Auge. Im Zweiten Weltkrieg wurde das Kreuzviertel nicht ganz so schwer beschädigt wie andere Stadtteile Dortmunds. Wo aber die Bomben fielen, da entdeckt man heute, teilweise auch direkt nebeneinanderstehend, Vor- und Nachkriegsgebäude. Viele denkmal-

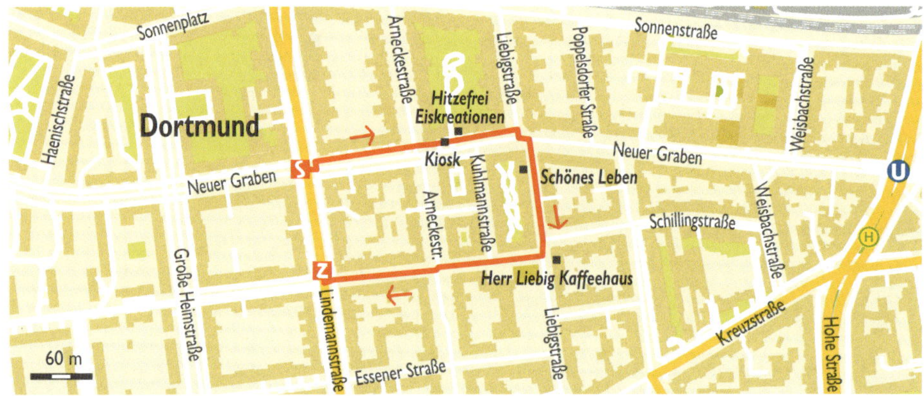

Kiosk und Altbauten, Concept-Store und Spezialitäten-Restaurant. Hinter jeder Ecke scheint eine neue Überraschung zu warten.

geschützte Häuser gibt's in der Schilling-, der Liebig- und der Lindemannstraße. Immer mal ein wenig genauer in die Hofeinfahrten schauen, dort wartet ab und an ein kleiner Hofflohmarkt mit Nützlichem und Skurrilem.

Nun hat man die Qual der Wahl: eine vegane Donauwelle bei Doppeltsolecker? Ein Milchreis-Zimt-Eis bei Hitzefrei Eiskreationen? Oder möchte man doch lieber auf der Terrasse des Bistros Schönes Leben sitzen? Der Name ist Programm, und bei einem Weißburgunder lässt sich entspannt die flanierende Schar beobachten. Also?

Egal, macht alles Spaß! Rechts zweigt dann die Liebigstraße ab, in der man besonders schön vor dem Herr Liebig Kaffeehaus sitzt.

Und nicht zu vergessen: Im Kreuzviertel warten natürlich auch Dutzende kleine Lädchen mit kreativen Ideen, die dem Mainstream ein Schnippchen schlagen. Vom Concept Store bis zum Geigenbauer, vom Bioladen bis zum Weinhändler - hier wird jeder glücklich.

Bleibt nur noch die letzte Entscheidung des Tages: Entweder bis zum Sonnenuntergang in einer der Bars sitzen oder noch mal einen kleinen Ausflug in den nahegelegenen Westpark unternehmen. Was es da Interessantes zu sehen gibt, findet sich in Eskapade #32.

FAZIT: EGAL OB ANWOHNER ODER TOURIS, AUS DEM KUNSTBEREICH ODER DEM BÜRO – HIER FÜHLEN SICH ALLE WOHL.

Hin & weg: U42, S4 und Buslinie 453 bis Dortmund Möllerbrücke.

Beste Zeit: Sobald man draußen sitzen kann.

Dauer: Für einen Überblick braucht man 30 Min., danach geht's aber erst richtig los.

Ausrüstung: Fotoapparat, Geld fürs Shoppen und Genießen.

Übrigens: GPX-Download auf Seite 229.

FILMREIFE KULISSE

 ... auf dem Mechtenberg in Essen 

#23

»Tief im Westen, wo die Sonne verstaubt, ist es besser, viel besser, als man glaubt.« Das sang schon Herbert Grönemeyer. Und wüsste man nicht, dass es in dem Lied um Bochum geht, könnte er auch den Ausblick vom Mechtenberg beschreiben.

#RotvorGrau #Pottdeluxe #Panoramablick #dasLebenistschön

Der Weg zur Wiese führt durch den idyllischen Landschaftspark Mechtenberg.

»Sonne und Staub«, das hört sich ja erst einmal nicht so sexy an. Wenn sich aber die typische Ruhrgebietskulisse samt Zechenturm und qualmender Schlote mit einem traumhaften Sonnenuntergang verbindet, hat das schon Potenzial für den perfekten Pott-Moment. »Tief im Westen« stimmt auch, denn auf dem Mechtenberg ist man wirklich mittendrin. Er liegt genau im Städtedreieck Essen-Gelsenkirchen-Bochum.

Deshalb: Picknickkorb füllen, Fotoapparat nicht vergessen und auf zum Eingang am Dickmannsweg! Wer möchte, kann erst einmal ein wenig den Landschaftspark mit seinen weitläufigen Fuß- und Radwegen erkunden – oder man macht sich direkt auf den Weg zum Berg. Dafür rechts in die Straße Nettenbusch abbiegen, und wenn es dann ein wenig bergauf Richtung Bismarckturm geht, stimmt der Weg. Der Mechtenberg war übrigens ursprünglich mal 99 Meter hoch, durch Senkungen hat sich seine Höhe allerdings auf 84 Meter reduziert. Der Aufstieg ist also gut zu schaffen, und so taucht dann schon bald der 16,7 Meter hohe Turmkoloss zwischen den Bäumen auf. Er wurde 1900 zu Ehren Otto von Bismarcks errichtet und thront heute als Baudenkmal auf dem Plateau.

Als Aussichtsplattform dient er aber leider nicht. Für einen tollen Ausblick geht's ein paar Schritte weiter bis zu einer Wiese. Hier sollte man erst mal kurz innehalten, denn das Panorama ist grandios. Links der Blick nach Essen, in der Ferne der Förderturm der Zeche Bonifacius, auf der rechten Seite kann man bis zum Weltkulturerbe Zeche Zollverein schauen. Und das ist erst der Anfang. Bevor aber das große Sonnenschauspiel beginnt,

Seit 1986 ist der Bismarckturm sogar als Baudenkmal bei der Stadt Essen eingetragen.

warten ja auch noch die Köstlichkeiten aus dem Korb. Baguette, Käse und dazu ein Glas Wein schmecken bei so einer Skyline natürlich besonders gut.

Wenn sich dann endlich der Himmel langsam von Blau zu Rosa färbt, kommt man sich vor wie in einem Film. Und je länger der Abend dauert, desto mehr wandelt sich dieser Film zu einem fast schon unwirklichen Gemälde. Der Himmel wird langsam rosa, orange und rot, und die Sonne strahlt noch einmal in ihren goldensten Farben, um dann schließlich hinter einer traumhaften Bilderbuch-Pottkulisse unterzugehen. Ok, das muss jetzt mal sacken. Hat man gerade wirklich mitten im Ruhrgebiet gesessen?! Der Weg nach unten gibt einem ein bisschen Zeit, die ganzen Eindrücke zu verarbeiten. Klappt natürlich nicht, aber nicht schlimm – dann geht der Traum halt in der Nacht weiter.

FAZIT: DER MECHTENBERG BEWIRBT SICH ERFOLGREICH UM DEN PLATZ ALS EINER DER SCHÖNSTEN SPOTS FÜR EINEN SONNENUNTERGANG IM RUHRGEBIET.

Hin & weg: Buslinien 194 und 388 bis Gelsenkirchen Mechtenbergstraße.

Beste Zeit: Im Hochsommer bei Picknickwetter.

Dauer: Von der Dämmerung bis zum Sonnenuntergang. Fußweg zur Wiese rund 20 Min.

Ausrüstung: Picknickkorb, Decke, Fotoapparat.

Heil

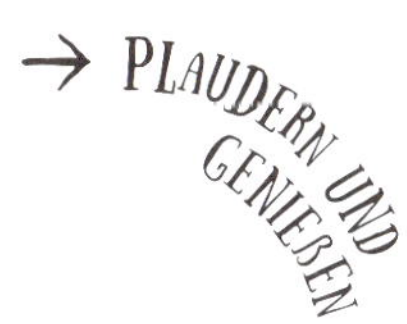

Grüner wird's nicht

#24

Man mag es kaum glauben, aber Dortmund ist die viertgrünste Stadt der Welt. Rund 63 Prozent der Fläche sind mit Wäldern, Feldern und Wiesen bedeckt. Wie tiefgrün das tatsächlich sein kann, zeigt ein urwüchsiger Park im Süden der Metropole.

Zur Ruhe kommen und sich an kleinen Details erfreuen, das lernt man im liebevoll angelegten Umweltkulturpark.

Strahlend violett streckt der Borretsch seine sternförmigen Blüten Richtung Sonne. Daneben wachsen Ringelblume, Malve, Johanniskraut. Der Duft kommt anscheinend nicht nur bei den Menschen gut an. Zahlreiche Bienen summen herum, eine Spinne webt ihr Netz und kleine Käfer sonnen sich auf den Blättern. Dieser Garten ist Teil des Umweltkulturparks (www.umweltkulturpark.de), der im Tal des Rahmkebaches in Groß-Barop liegt und vom Förderverein Permakultur Dortmund e. V. bewirtschaftet wird. Der Begriff Garten trifft es allerdings nicht ausreichend, vielmehr befindet man sich hier in einem kleinen Paradies für Pflanze, Tier und Mensch.

Falls das Tor offen ist, einfach eintreten. Besucher sind sehr willkommen und werden gerne durch den Garten geführt. Und sobald man diesen Ort betritt, ist der Alltagsstress wie weggeblasen. Die Balance des Ökosystems scheint sich auch auf die Dynamik der Anwesenden zu übertragen. Hektik? Fehlanzeige. Wer möchte, kann die Wege entlangspazieren oder sich die verschiedenen Pflanzen erklären lassen. Dutzende Tomaten-, Paprika- und Chillisorten wachsen in den Beeten und im Gewächshaus. Die Vielzahl an Blättern und Blüten in allen möglichen Farb-, Duft- und Geschmacksvariationen ist schier überwältigend.

Besonders verführerisch riecht's am Heilkräuterbeet. Kleine Schilder verraten Anwendungsmöglichkeiten und nachgesagte Heilwirkungen. Denn wer weiß heute noch, dass zum Beispiel der als Unkraut verschriene Ackerschachtelhalm mit seinem hohen Gehalt an Kieselsäure super für Haut, Haare und Nägel ist?! Weitere Praxistipps für den eigenen Garten gefällig? Dann erfährt man hier, welche Pflanzen ihre

Nachbarn positiv beeinflussen und sogar unerwünschte Insekten fernhalten können.

Danach unbedingt noch den Rest des Parks erkunden. Er ist nach den Prinzipien der Permakultur aufgebaut, eine Wildheit im besten Sinne. Permakultur, das ist das bewusste Gestalten und Erhalten landwirtschaftlich produktiver Ökosysteme. Dabei soll alles im Einklang mit der Natur geschehen. Durch die Schaffung verschiedener Zonen entsteht ein zusammenhängendes Konzept, das die vorhandenen Ressourcen perfekt nutzt. So gibt es im Park eine Streuobstwiese mit alten Obstsorten, Beerensträucher an den Wegerändern und nach Süden ausgerichtete Trockenmauern. Ein tolles Projekt, das sich übrigens auch über jede helfende Hand freut. So ein bisschen buddeln nach Feierabend, mehr Erdung geht doch nicht ...

FAZIT: EIN SCHRITT DURCH DAS TOR DIESER GRÜNEN OASE, UND DER ALLTAGSSTRESS IST WIE WEGGEBLASEN.

Hin & weg: Bus 447 bis Dortmund Groß-Barup.

Beste Zeit: Sobald die ersten Kräuter sprießen.

Dauer: Man könnte ewig bleiben.

Ausrüstung: Notizblock, um ein wenig Wissen mit nach Hause zu nehmen.

WEIß-WEIN VOR PASTELL

... von der Isenburg zur Korte Klippe

Der Baldeneysee ist DAS klassische Ausflugsziel im Essener Süden. Dementsprechend voll kann es auch mal werden. Wer aber den um den See führenden Baldeneysteig in den Abendstunden besucht, wird sich über die vielen ruhigen Ecken und stillen Momente wundern.

#Weitblicke #rosaHimmel #SonneimGlas #besteAussicht

Der Blick über den See ist fantastisch. Viele ruhige Ecken bieten Platz für eine kleine Pause

Den ganzen Tag vorm Monitor gesessen und kein Sonnenlicht gesehen? Dann ist ein Abstecher zum Baldeneysteig eine wirklich gute Idee, um müden Augen Weitblicke und der Seele einen rosa leuchtenden Abendhimmel zu schenken. Für eine entspannte Nach-Feierabend-Runde präsentiert sich die Teilstrecke zwischen der historischen Isenburg und der Korte Klippe wie gemalt – mit vielen schnuckeligen Ecken für den perfekten Sundowner-Moment. Dafür am besten vorsorglich eine Flasche Wein in den Rucksack packen.

Wer am öffentlichen Parkplatz des Restaurants Heimliche Liebe startet, kann sich direkt an dem Schild orientieren, das den Weg zur Burgruine Isenburg weist. Wenn man sich vor dem Spaziergang noch etwas stärken möchte, bietet sich die schöne Terrasse der Heimlichen Liebe an. Bereits hier hat man einen Panoramablick auf das Ruhrtal und bis zur Villa Hügel.

Danach schlängelt sich der Weg malerisch hinauf bis zur Burgruine. Normalerweise ein

Spaziergang von 15 Minuten, aber wer möchte bei dieser Aussicht einfach nur durchmarschieren?! Also Kamera gezückt: Auf der rechten Seite liegt das Hardenbergufer, an dem die schicken Segelboote der ansässigen Clubs um die Wette funkeln, geradeaus Heisingen, und zwischen den Bäumen lugt das Fördergerüst der ehemaligen Zeche Carl Funke hervor.

Ein paar Kurven und einen kleinen Anstieg weiter – und schon erstrecken sich auf einem Bergsporn die Ruinen der Burg Isenburg. Be-

Erst ein Wein mit Ausblick auf den See, dann ein herrlicher Sonnenuntergang an der Korte Klippe – der Feierabend will zelebriert werden.

nannt nach dem Grafen Isenberg, wurde sie 1240 errichtet, bereits 48 Jahre später wieder zerstört und danach nie wieder aufgebaut. Erst ab 1927 konnten einzelne Burgteile ausgegraben werden, die nun frei zugänglich sind. Inzwischen gibt's sogar einen historischen Erlebnispfad, welcher auf sechs Informationstafeln über das Leben auf der Burg erzählt. Tipp: Das Gelände komplett durchqueren, denn am Ende wartet noch einmal der perfekte Rundum-Blick. Für einen kurzen Moment hat man das Gefühl, der einzige Mensch auf dieser Welt zu sein, so still und friedlich präsentiert sich der See.

Auch wenn man an diesem Plätzchen der Glückseligkeit ewig sitzen könnte – weitergehen bis zur Korte Klippe lohnt sich auf jeden Fall! Dazu einfach dem Schwarze-Lenen-Weg nach rechts folgen, bis man auf die Heisinger Straße trifft, dort nochmal rechts, und schon bald sieht man das Hinweisschild zum Aussichtspunkt. Nach einem kurzen Weg durch ein idyllisches Wäldchen eröffnet sich plötzlich wie aus dem Nichts ein atemberaubender Blick über den Baldeneysee. Hier, wo einst Ruhrsandstein abgebaut wurde, scheint der perfekte Ort zu sein, um bei Sonnenuntergang den Tag ausklingen zu lassen. Wer es ruhig mag, ist unter der Woche gut aufgehoben, am Wochenende finden auch mal spontane Partys statt. Und beim Anblick der sanften Pastellfarben des Abendhimmels, vor dem die Sonne langsam untergeht, kommt einem dann nur ein Satz in den Sinn: »Ruhrgebiet, wat bist du schön!«

FAZIT: EINE RUNDE ENTLANG DES BALDENEYSEES, DIE NICHT NUR HEIMAT-, SONDERN AUCH URLAUBSGEFÜHLE AUFKOMMEN LÄSST.

Hin & weg: Mit der Buslinie 145 bis Essen Drosselanger, öffentlicher Parkplatz am Restaurant Heimliche Liebe (www.heimliche-liebe.de).

Beste Zeit: Sommer, Spätsommer.

Dauer & Strecke: Hin und zurück ca. 1 Std. für 4 km, aber Weinpausen nicht vergessen.

Ausrüstung: Fotoapparat, Weinflasche und Gläser, Baguette.

Übrigens: GPX-Download auf Seite 229.

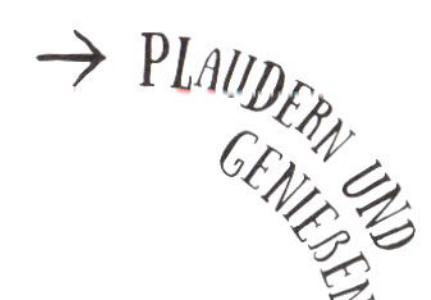

POTT-MÄRCHEN

... rund um Schloss Berge in Gelsenkirchen

#26

Ein Wasserschloss, eine riesige Gartenanlage und Schwäne – nein, die Rede ist nicht von Schloss Neuschwanstein in Bayern, sondern von einem Ort mitten in Gelsenkirchen. Und wer nicht glaubt, dass es auch im Pott märchenhaft zugehen kann, sollte seinen Abend am Schloss Berge verbringen.

#Schlossrunde #einmalPrinzessinsein #Wasserspiel #lustwandeln

Nur Mut, dahinter wird's hell und schön.

Der Blick von der Aussichtsplattform an der Adenauerallee Richtung Berger See lässt zumindest schon mal erahnen, was es mit den Schwänen auf sich hat. Diese warten nämlich in Gestalt von Booten auf tretwillige Besucher. Wenn man sich also links Richtung Kaiserwiese hält, erscheint schon bald der Anlegeplatz, an dem die weißen Entenvögel einem stolz entgegenblicken. Sie gehören zum Biergarten am See, der in den Sommermonaten diese besondere Art der Entschleunigung anbietet. Denn obwohl die langhalsigen Gesellen definitive Hingucker sind, gleiten sie gleichzeitig so ruhig und gelassen über das Wasser, dass ihre Passagiere die Umgebung und den Alltag innerhalb weniger Minuten vergessen haben.

In die Beine geht das Treten aber trotzdem, deshalb wartet im Anschluss das Feierabendbierchen. Schön sitzt es sich auf den Bänken direkt am See – oder man wechselt die Straßenseite. Denn dort gibt es auch einen ganz besonderen Biergarten, im Schatten alter Bäume und mit Blick auf den Fontänenteich. Praktischerweise befindet man sich dann schon direkt im Park von Schloss Berge und nach einem Kaltgetränk geht's auf Erkundungstour.

Die 73 Hektar große Grünanlage ist mit ihrem französischen Rokokogarten, dem Schlosspark samt englischem Landschaftsgarten und den liebevoll angelegten Kräuterbeeten wirklich ein Ort der Ruhe für gestresste Großstadtseelen.

Am besten erst einmal auf eine Steinbank setzen und die Szenerie wirken lassen. Besonders unter der Woche sind hier nie besonders viele Menschen unterwegs, beziehungsweise

Schwanengleich übers Wasser gleiten, das klappt mit diesen Tretbooten ganz wunderbar.

sie verteilen sich in der weitläufigen Anlage. Als nächstes werden die über den Tag ein wenig eingeschlafenen Sinne angeregt: Im Kräutergarten riecht es herrlich nach Kamille, Gewürzfenchel und Minze.

Im vorderen Teil des Gartens wendet man sich dann dem Schloss zu. Seine Geschichte reicht bis ins 13. Jahrhundert zurück. Damals wurde es zum Schutz des heutigen Gelsenkirchener Stadtteils Erle erbaut, im Lauf der Jahrzehnte immer wieder erweitert, und präsentiert sich heute als Restaurant und Hotel. Besonders an lauen Sommerabenden ist die Außenterrasse ein schöner Ort zum Verweilen, aber wer es ein wenig kostengünstiger mag – der Platz am Teich ist immer frei. Denn selbst, wenn der Biergarten schon geschlossen hat, kann man dort noch sitzen und bis in den Abend hinein das Wasserspiel beobachten.

FAZIT: KÖNIGLICH DURCH DEN SCHLOSS-PARK SPAZIEREN UND SICH IM ANSCHLUSS EIN RUHIGES ECKCHEN SUCHEN.

Hin & weg: Straßenbahn 302 bis Gelsenkirchen Berger See.

Beste Zeit: Im Sommer, wenn alles grün ist und blüht. Öffnungszeiten des Biergartens am See unter www.schloss-biergarten.de

Dauer: 1 Std. oder länger.

Ausrüstung: Beinmuskulatur beim Tretbootfahren, Kleingeld fürs Feierabendgetränk.

AB INS KÖRBCHEN

 ... an der Dorfkirche Stiepel in Bochum 

#27

In Deutschland ist die Wildheckenpflanze Kornelkirsche nur noch selten anzutreffen. Umso schöner, dass es im Ruhrgebiet einen Ort gibt, an dem man die Suche nach der wilden Schönheit mit einem entspannten Spaziergang verbinden kann. Und eine kleine Geschichtsreise gibt's auch.

#wildeNatur #historischeKirche #immerderSpitzenach

Warum kennt eigentlich heutzutage kaum jemand mehr die Kornelkirsche? Als Frühblüher ist sie eine wichtige Nahrungsquelle für Hummeln und Bienen, ihr Holz ist so schwer, dass es im Wasser untergeht, und zudem trägt sie Früchte, die getrost als Vitamin-C-Bomben bezeichnet werden dürfen. Ein wertvolles heimisches Gehölz, das eigentlich in keinem Garten fehlen sollte. Auch wenn der Name es vermuten lässt, gehört es allerdings nicht zu den Obstbäumen, sondern zu den Hartriegelgewächsen. Wenn im Herbst aber die tiefroten Beeren an den Zweigen hängen, erinnern sie wirklich ein wenig an Kirschen.

Wer sich auf die Suche nach der sogenannten Kornelle machen möchte, fährt ins ländlich-dörfliche Bochum-Stiepel. Auf dem Parkplatz der Dorfkirche angekommen, braucht man gar nicht lange, um sie zu finden. Eine ganze Hecke voller Beeren leuchtet einem schon von Weitem entgegen – zumindest solange die Vögel noch nicht da waren. Für uns Menschen sind die rohen Beeren ebenfalls nicht giftig, schmecken aber viel besser eingekocht als Sirup, Marmelade oder Chutney. Pflückzeit ist von Ende August bis Anfang Oktober, da trägt der Strauch seine reichhaltigen Früchte.

Nach und nach füllt sich also das Körbchen. Wenn man danach dem Weg in den Wald folgt, findet man weiter unten noch einige weitere Kornelkirschen-Sträucher. Außerdem schlummert dort ein kleiner verwunschener Teich, dem auch jeden Moment eine kleine Nixe entsteigen könnte.

Zurück am Parkplatz, schaut man jetzt mal ein wenig genauer durch die Äste der Hecke, denn in der Ferne kitzelt die Spitze eines der

Wer genug Kornelkirschen im Körbchen hat, erkundet danach noch die Dorfkirche Stiepel. Zu Hause wird aus dem Wildobst eine köstliche Marmelade.

ältesten Gebäude Bochums den Himmel. Und nur ein paar Schritte weiter liegt schon der wunderschöne, historischen Hof der Dorfkirche Stiepel mit seinem alten Baumbestand. Einmal über den Hof schreiten und dann an der Kirche hinaufschauen. Das Mauerwerk besteht offensichtlich aus Ruhrsandstein, der früher gerne für sakrale Gebäude im Ruhrgebiet verwendet wurde.

Gräfin Imma aus dem Geschlecht der Immedinger ließ die ursprüngliche Kirche vor mehr als 1000 Jahren auf dem Hof Stiepel erbauen. Im 12. Jahrhundert wurde das Gebäude durch eine romanische Basilika ersetzt und im 15. Jahrhundert zur heutigen Kirche ausgebaut. Die noch original erhaltenen Wandmalereien im Inneren sind wunderschön anzusehen und überregional bekannt.

Draußen auf jeden Fall noch einen Blick auf den Friedhof wagen. Grabsteine haben ja manchmal etwas Schauriges, aber diese hier sind ganz besondere Denkmäler, deren Inschriften bis ins Jahr 1600 zurückgehen.

Jetzt aber genug Historisches! Zum Abschluss lässt man sich am besten einfach Richtung Ruhr treiben, zum Beispiel bis zur Ruhrbrücke Kemnade. Dann am Ufer zurück und wieder Richtung Stiepel, bis abermals die Spitze der Dorfkirche erscheint – dieses Mal aber vor rosa scheinendem Abendhimmel.

FAZIT: ERST SAMMELN, DANN STAUNEN – UND IMMER BESCHAULICH – IM LÄNDLICHEN BOCHUM-STIEPEL.

Hin & weg: Buslinien 350 und 370 bis Bochum Stiepeler Dorfkirche.

Beste Zeit: Im Herbst, wenn die Kornelkirschen reif sind.

Dauer: 1 Std. zur Erkundung.

Ausrüstung: Körbchen oder Behälter für das Sammelgut.

SHOP'N'ROLL

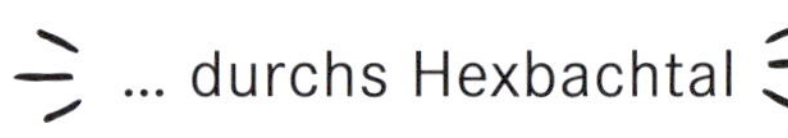

... durchs Hexbachtal

28

Raus aus dem Büro und rauf aufs Rad, der Mensch braucht Bewegung. Auf einer kleinen Tour entlang des plätschernden Hexbaches tanken Körper und Seele richtig auf, unterwegs füllt sich der Einkaufskorb mit Brot, Käse und Gemüse.

#Hoftour #Autostehenlassen #strampeln&schlemmen

Das Hexbachtal liegt im Eck von Essen, Mülheim und Oberhausen und kann wohl als kleiner Geheimtipp bezeichnet werden – für Ruhesuchende, aber auch für Feinschmecker. Es ist von allen Richtungen aus gut mit dem Rad erreichbar. Wer von der Essener Seite kommt, fährt zuerst die Straße Am Fatloh entlang, biegt dann links ab, um schließlich auf den Hexbach und eine Infotafel über das Bachtal und seine Nutzung, früher wie heute, zu stoßen. Erst mal durchatmen, sich auf einen Baumstamm setzen, dem Plätschern lauschen, Steinchen ins Wasser werfen und den Lärm der Großstadt hinter sich lassen.

Man braucht übrigens keine Angst haben, dass hinter den Bäumen eine garstige Frau lauert, der Name leitet sich nicht von Hexe ab, sondern vom Begriff Hexel, einer alten Bezeichnung für Hainbuchen. Diese standen hier früher zahlreich an den Ufern. Heute ist das ca. 4,2 Hektar große Gebiet Biotopverbundelement von regionaler Bedeutung, in dem viele bedrohte und gefährdete Tier- und Pflanzenarten ein Zuhause gefunden haben. Baldrian und Madesüß wachsen am Wegesrand, im sogenannten Unteren Hexbachtal prägen Kopf-Weiden und Kopf-Eschen das Landschaftsbild.

Der Mensch freut sich über die große Auswahl im Laden, dem Pferd reicht die Möhre vollkommen.

Entlang des murmelnden Baches und vorbei an weiten Feldern geht's nun zum ersten Einkaufsstopp: dem Dümptener Bauernhof. Obst und Gemüse aus eigenem Anbau und von Landwirten der Region, dazu selbstgemachte Schmankerl wie Marmeladen oder Senfspezialitäten. Hier kann man sich erst einmal eine Weile aufhalten.

Und dieser Duft im ganzen Laden! Nach alten Hofrezepten kommen frische Brote, Brötchen, Stuten und Kuchen aus dem Ofen – alle aus selbstgemahlenem (Dinkel-)Mehl und ganz ohne Zusatzstoffe, dafür teilweise auch vegan. Eine kleine Auszeit gönnt man sich mit einem Stück frisch gebackenem Kuchen im schönen Outdoorcafé vor dem Hofladen.

Weiter geht's, wieder vorbei an den Feldern und zurück auf den Waldweg. An der Hexbachtal-Infotafel links abbiegen und dem kleinen Feldweg folgen, der an hübschen Häuschen und Pferdekoppeln vorbeiführt. Schnell noch einen sanften Stups der weichen Nasen abholen. Arbeitsstress? War da was?

Nun rechts halten, vorbei am Reitstall gelangt man links auf den Hexberg, der zum nächsten Einkaufsspot führt: dem Lepkeshof. Der Einkaufskorb füllt sich weiter mit verschiedenen Obstsorten aus hofeigenem Anbau. Wer möchte, bekommt auch gepresste Säfte, Apfelmus und Fruchtaufstriche.

Über den Hexberg führt der Weg zurück, vorbei am Restaurant Liebling im Mühlenbach. Entweder man besucht den idyllischen Biergarten mit Waldatmosphäre oder fährt vom Hexberg aus am Ende des Bachlaufs noch einmal rechts in das Naturschutzgebiet. Die Bänke entlang der Wanderwege sind ein herrlicher Platz, um sich schon einmal quer durch den Einkaufskorb zu probieren. Und weil der Sonnenuntergang hier so schön ist, schaffen es Käse und Brot so manches Mal gar nicht mehr bis nach Hause in den Vorratsschrank.

FAZIT: EINE NACHHALTIGE EINKAUFSTOUR MIT BEWEGUNG, GENUSS- UND SEELENMOMENTEN.

Hin & weg: Aus Essen: Straßenbahnlinie 104 bis Bonnemannstraße oder Buslinie 186 bis Roßstraße. Aus Mülheim: Straßenbahnlinie 102 bis Oberdümpten.

Beste Zeit: Frühling bis Herbst. Öffnungszeiten unter www.duemptener-bauernhof.de, www.lepkeshof.de, www.liebling-mh.de

Dauer & Strecke: Reine Fahrzeit ca. 0,5 Std. für 5 km. Mit Einkaufen und Genussmomenten kann die Tour auch bis zu 3 Std. dauern.

Ausrüstung: Fahrrad, Einkaufskorb, Geld.

Übrigens: GPX-Download auf Seite 229.

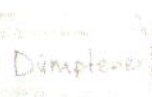

KULTUR-KRÜMEL-FUSION

… in Duisburg-Hochfeld

Das wohl gemütlichste Wohnzimmer Duisburgs befindet sich in Hochfeld. Mit kunterbuntem Retro-Charme und leckeren veganen Köstlichkeiten ist es bis über die Landesgrenzen hinaus bekannt. Hier kann man genussvoll verweilen und entspannt den Feierabend genießen.

#veganEssengehen #HausprojektHochfeld #hierverweileich

Die Spannung steigt:
Was gibt es wohl heute an der Kuchentheke zu entdecken?

An manchen Tagen ist es gar nicht so einfach, noch ein Plätzchen im herrlich trutschigen Ladenlokal zu ergattern. Große und kleine Grüppchen chillen auf den barocken Sesseln und lassen den Blick durch das Lokal schweifen. Zu entdecken gibt's genug: Hier sieht kein Stuhl aus wie der andere, urig-alte Radios thronen neben Omas Porzellan. Die gesamte Einrichtung ist secondhand, mit echten Unikaten. Jeder Besuch offenbart eine neue Errungenschaft für den Sehnerv und wirft unweigerlich die Frage auf: »War das beim letzten Mal auch schon da?«

In dem gekonnten Mix aus Omas Wohnzimmer und Trödelladen wird geklönt, gelacht und – das Wichtigste – natürlich ordentlich gekrümelt. Kurz die Kuchenbar mit den Torten und Muffins des Tages gecheckt, und schon ist die Entscheidung gefallen: Ein Stück bitte, von je-

Wer Lust auf Musik hat, schnappt sich einfach ein Instrument.

der Sorte! Sich nur für eines zu entscheiden? Unmöglich! Zu verlockend ist das Angebot, das wöchentlich wechselt und an Kreativität kaum zu überbieten ist. Ob Matcha-Käsekuchen, Karamell-Mandel- oder Milchreistorte mit Himbeeren, kaum eine Kreation wird je wiederholt. Wer jetzt denkt »Torten und vegan – das geht nicht«, wird eines Besseren belehrt. Fernab von Sachertorte und Schwarzwälder Kirsch entfalten sich unbekannte Geschmacksfusionen auf der Zunge. Und von der veganen Sahne schwärmen selbst Liebhaber der traditionellen Backkunst.

Wer es herzhaft mag, wählt aus Burgern, leckeren Eintöpfen, Bowls, Gemüse-Quiches oder Süßkartoffelpommes. Neben einer festen Karte wechselt das Angebot auch hier wöchentlich. Langeweile? Fehlanzeige! Ein Tipp: der Burger aus Seitan und Pilzen nach Geheimrezept. Wirklich lecker! Wer vermisst da noch Fleisch?

Irgendwo zwischen Fast-Food und Fancy-Küche verortet das kreative Team sein Konzept. Die Krümelküche soll ein Ort sein, an dem sich alle wohlfühlen – Alt und Jung, Singles und Familien und auch die tierische Begleitung. Ein Café, in dem man nicht nur speist, sondern verweilt und entspannt, Gesellschaftsspiele spielt oder sich mit einer der frei zur Verfügung stehenden Gitarren zu einer spontanen Session hinreißen lässt. Ein Treffpunkt, der von den Ideen und Vorschlägen

Auch im Innenhof trinkt man seinen Kaffee aus Omas Porzellantasse.

seiner Gäste lebt. Hier fanden schon legendäre Konzerte, Poetry Slams, Live-Film-Vertonungen oder Singer-Songwriter-Contests statt. Wenn es draußen warm ist, gerne im lauschigen Innenhof.

Die Krümelküche ist übrigens Teil des Hausprojektes Hochfeld, das neben einer Wohngemeinschaft und kreativen Aktionen fürs Viertel auch die Plattform für das vegane Café entstehen ließ. Die Ursprungsidee des Hauses sowie aktuelle Workshops, Events & Kurse finden sich auf der Internetseite. Was gibt's sonst noch zu erzählen? Ach ja, das stille Örtchen zählt zu den zehn schönsten Toiletten Deutschlands. Noch ein Grund mehr, hier unbedingt mal vorbeizuschauen.

FAZIT: KULTUR, KULINARISCHER GENUSS UND IMMER WAS ZUM GUCKEN – ENTSPANNTER GEHT'S NICHT.

Hin & weg: U79 bis Duisburg Musfeldstraße oder Straßenbahnlinie 903 bis Duisburg Brückenplatz. Öffnungszeiten Krümelküche: www.kruemelkueche.de, Infos unter www.hausprojekt-hochfeld.de

Beste Zeit: Immer! Wenn es warm ist, lässt es sich super im gemütlichen Innenhof chillen.

Dauer: Individuell. Mal auf einen schnellen Kaffee oder einen ganzen Abend in Ruhe mit Freunden verbringen.

Ausrüstung: Genügend Zeit – ansonsten ist alles da, was man für einen entspannten Feierabend braucht.

GLANZ IN ALLEN GASSEN

 ... Weihnachten in Hattingens Altstadt

Jedes Jahr zur Adventszeit das Gleiche: Eine festlich geschmückte Stadt ist was Tolles, aber nach der Arbeit noch dieses Weihnachtsmarkt-Gedrängel? So gar keine Lust darauf? Die Lösung liegt unter anderem in Hattingen.

Wie in einem traumhaften Wintermärchen: Hattingens Altstadt zeigt sich während der Adventszeit von seiner schönsten Seite. Die Anwohner haben ihre Häuser liebevoll geschmückt.

Wo kann man im Ruhrgebiet in Vorweihnachtsstimmung schwelgen, ohne direkt in den nächsten Glühweinstand zu stolpern? In Hattingens schöner Altstadt! An den Ständen auf dem Kirchplatz ist es am Wochenende natürlich auch mal recht voll, aber gerade unter der Woche lässt es sich in dem dorfähnlichen Ambiente zwischen den Fachwerkhäusern herrlich entspannt bummeln. Die kleinen Gässchen sind urig beleuchtet, die Fassaden üppig geschmückt. Lichterketten, Weihnachtssterne und Adventskerzen so weit das Auge reicht. Es sieht aus wie in einem dieser alten, nostalgischen Weihnachtsfilme.

Vor dem Altstadtbummel sollte es aber Richtung Untermarkt gehen, auch wenn man ja eigentlich dem Weihnachtstrubel entkommen wollte. Dort aber wartet eine prominente Dame: Jeden Tag um 17 Uhr öffnet Frau Holle im Alten Rathaus ein Türchen des überdimensionalen Adventskalenders, lässt aus ihrem Federkissen Goldtaler regnen und liest Gedichte vor. Da möchte man doch fast noch mal Kind sein und sich ein paar Taler schnappen.

Nun heißt es, sich seinen Weg durch die Hattinger Altstadt zu suchen. Am meisten Spaß macht es, wenn man sich einfach treiben lässt. Eine Straße scheint hübscher geschmückt zu sein als die nächste, und die Restaurants und Kneipen zeigen sich im prächtigsten Festgewand. Hinter jeder Ecke wartet eine neue Überraschung, so haben zum Beispiel einige Privatleute vor ihren Häusern kleine Tische aufgebaut, auf denen sie handgemachte Unikate anbieten. Für kleines Geld dürfen Nikolaus und Weihnachtsstern ein neues Zuhause finden.

Übrigens: Kommt man doch mal an einem Adventswochenende, lohnt sich der Besuch des Marktes »Bleu Blanc Rouge«. Eigens angereiste französische Händler bieten dann im Krämersdorf verführerische Köstlichkeiten von Croissants über Käse bis Wein feil. Probieren ausdrücklich erwünscht. In der Woche aber herrscht hier eine ruhige Atmosphäre, die einen richtig schön auf die Festtage einstimmt.

Hattingen ist übrigens nicht die einzige Pottstadt, in der man Weihnachtsfreuden ohne Konsumrausch erlebt. In Recklinghausen leuchtet es jedes Jahr abseits des Altstadtmarkts auch in den umliegenden Gassen richtig festlich. Und auf dem Mülheimer Altstadt-Weihnachtsmarkt rund um den Kirchhügel möchte man singen: »Oh du wunderbare Adventszeit, dich gibt es ja in richtig entspannt!«

FAZIT: DIE NÄCHSTE ADVENTSZEIT KOMMT BESTIMMT, UND DANN BITTE OHNE HEKTIK.

Hin & weg: S3, Schnellbuslinien SB37 und SB38, Straßenbahnlinie 308 und diverse Buslinien bis Hattingen Mitte.

Beste Zeit: Im Dezember.

Dauer: 1 Std. oder länger.

Ausrüstung: Fotoapparat, Kleingeld, falls man etwas Schönes entdeckt.

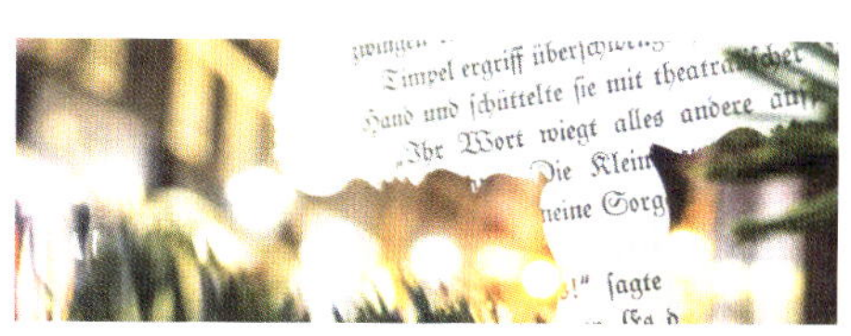

HORIZONT ERWEITERN

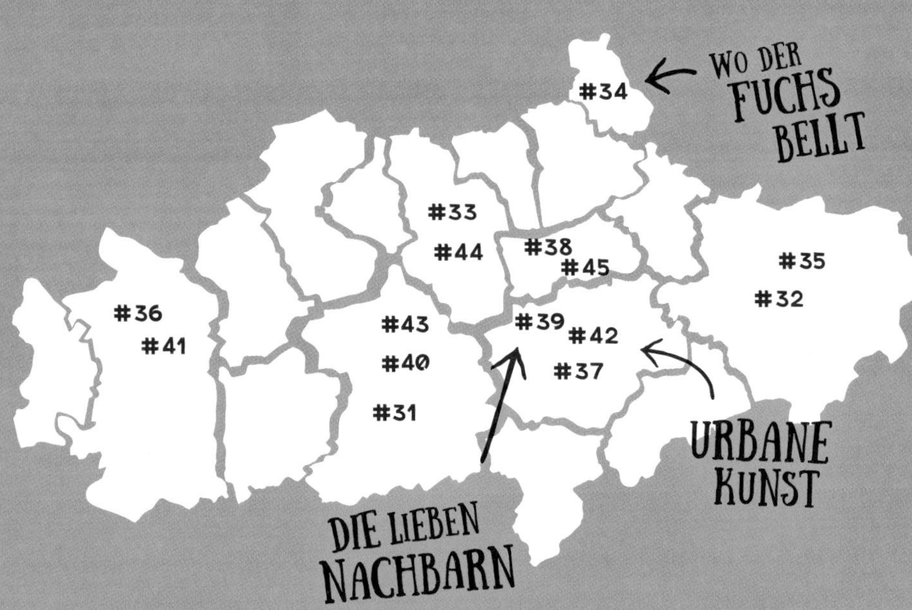

Kunst- und Kulturhäppchen

Jeden Abend eine neue Möglichkeit – die Kulturszene im Pott ist bunt und vielfältig. Kreativquartiere, Kunsttouren und Waldrouten wollen entdeckt werden.

FREMDE WELTEN

... in der Walter-Hohmann-Sternwarte in Essen

#31

Wie kann man dem Alltag maximal weit entfliehen? Mit einem Besuch im Weltall! Sonne, Planeten und Galaxien bekommt man in der Sternwarte in Essen-Schuir ganz nah vor die Linse. Und wer würde nicht gerne wissen, wo und wie man Mikrometeoriten finden kann?

#Planetenentdecker #SpaziergangimAll #NeilArmstronglässtgrüßen

Zu allen Zeiten wagte der Mensch einen Blick in den Himmel. Was gibt's da nicht alles zu entdecken, so viele Lichtjahre von unserer Erde entfernt. Aber es braucht schon Technik, Wissen und Anleitung, um sich diesen fremden Welten zu nähern. In der Walter-Hohmann-Sternwarte im Essener Süden steht alles bereit, um selbst mal einen Blick zu wagen. Der 1969 gegründete gemeinnützige Verein lebt und liebt die Astronomie und gibt sein Wissen gern weiter – durch spannende Vorträge, Workshops oder erlebbare Himmelsbeobachtungen.

Die Sternwarte steht seit 1978 am heutigen Standort in Schuir. In den Schutzhütten warten wahre Teleskopschätze, die das Herz eines jeden Sternenjägers höherschlagen lassen. Eindrucksvoll öffnet sich die variable Kuppel der Haupthütte, die ein leistungsstarkes Spiegelteleskop verbirgt. Seine imposante Erscheinung mit einem Durchmesser von 56 Zentimetern und sieben Metern Brennweite lässt den Besucher ehrfürchtig seinen ersten Blick gen Himmel richten. Das ist ganz schön aufregend, wenn man bedenkt, wie weit die Himmelskörper tatsächlich von der Erde entfernt sind. Hier sieht man sie plötzlich ganz nah vor dem eigenen Auge, und es wird schnell klar, wie klein und unbedeutend der Mensch als Teil des gigantischen Universums eigentlich ist. Da erscheinen die Sorgen aus dem Arbeitsalltag auf einmal ganz weit weg – und vor allem auch weniger groß.

Alle optischen Teleskope ermöglichen außerdem die Astrofotografie – eine geniale Errungenschaft der modernen Technik: Einfach eine digitale Spiegelreflexkamera anschließen, und schon posieren funkelnde Gasnebel, Sternen-

Mehr als nur Schauen: Mittels Radioastronomie können astronomische Objekte durch die von ihnen ausgesandten Radiowellen beobachtet werden.

felder, fremde Galaxien, Sonne und Mond vor dem freudigen Auge des Betrachters und verewigen sich in ihrer ganzen magischen Schönheit. Von einer schnellen Angelegenheit kann man allerdings nicht sprechen, denn die Aufnahme eines Bildes kann mehrere Stunden dauern – manchmal auch die ganze Nacht.

Was viele nicht wissen: Die Sternwarte hat Essen zu Berühmtheit verholfen. 2002 und 2003 entdeckte der Verein 15 Kleinplaneten. Einer trägt sogar den Namen der Stadt. Große Erfolge verbuchte auch schon Walter Hohmann, Namensgeber der Einrichtung. Die astronomischen Berechnungen des 1945 verstorbenen Esseners, die Hohmann-Bahnen, spielen auch heute noch eine große Rolle in der Raumfahrt. Sogar die NASA ist auf diesen Ellipsen zum Mond geflogen.

Wer weiß, wer den nächsten Planeten entdeckt? Gelegenheiten für Blicke in den Nachthimmel und Sonnenbeobachtungen gibt's jede Woche an festen Tagen und zu bestimmten Zeiten. Und wer dann noch wissen möchte, wie man Mikrometeoriten findet, besucht die Vorträge oder Workshops. Unbedingt regelmäßig die Zeiten und Angebote auf der Vereinswebsite checken, so bleibt man auf dem Laufenden. Auf Anfrage sind auch individuelle Führungen möglich.

FAZIT: EIN BLICK IN FERNE WELTEN LÄSST DEN STRESS IN LICHTGESCHWINDIGKEIT VERSCHWINDEN.

Hin & weg: Buslinie 142 und 169 bis Essen Wetteramt/LANUV. Von dort sind es knapp 25 Min. Fußweg die Wallneyer Straße hinunter, bis die Sternwarte ausgeschildert ist. Öffnungszeiten und Veranstaltungen unter www.sternwarte-essen.de, Gruppenführungen auf Anfrage an presse@sternwarte-essen.de

Beste Zeit: Bei klarem Himmel für die abendliche Himmelsbeobachtung von September bis Mai, für die Sonnenbeobachtung von Mai bis August.

Dauer: Je nach Veranstaltung bzw. Öffnungszeiten.

Ausrüstung: Die Teleskophütten sind nicht beheizt, entsprechend angepasste Kleidung empfohlen!

DAS GEHEIMNIS DER ALTEN GRÄBER

... im Dortmunder Westpark

#32

Beliebte innenstadtnahe Grünanlage in Dortmund gesucht? Die Liegewiesen im Westpark zeigen sich bei schönem Wetter als begehrte Plätzchen. Etwas ungewöhnlich mutet allerdings der Ausblick an: Da schaut man tatsächlich auf Grabmäler.

Am Abend finden sich hier viele ruhige Orte, um den Sonnenuntergang zu genießen.

Wenn die ersten warmen Strahlen auf die Grünflächen treffen, füllen sich langsam wieder die Wiesen und Sitzgelegenheiten des Westparks. Es wird gegrillt, Boule oder Tischtennis gespielt und jeden Freitagabend zu Salsa-Rhythmen das Tanzbein geschwungen. Im Sommer finden hier tolle Veranstaltungen statt, beispielsweise das Westparkfest mit dem Tag des Quartiers, an dem gefühlt der ganze Stadtteil auf den Beinen ist. Oder der Trödelmarkt – von manchen sogar als einer der schönsten im Ruhrgebiet bezeichnet. Bis zu 10 000 Besucher stöbern sich jedes Mal durch die Schnäppchen.

Doch neben all dem Trubel bleibt nicht verborgen, dass die Grünanlage eine lange Historie vorweisen kann. Das verraten spätestens die Grabsteine, welche sich vis-à-vis zu den Wiesen befinden. Die Erklärung ist ganz einfach: Der Park war früher ein Friedhof. Bereits 1811 wurde der sogenannte Westendtotenhof eingerichtet, aber nach der Gründung des Dortmunder Hauptfriedhofs in einen innerstädtischen Park umgewandelt. Erhalten geblieben sind einige Grabdenkmäler, auf denen heute noch in verwitterter Schrift die Namen alter Dortmunder Familien zu entziffern sind. Ein pittoreskes Bild zeigt sich im Frühling, wenn die steinernen Zeitzeugen erhaben zwischen all den Blüten hervorragen.

Mehr Kultur und auch etwas Kunst gibt's bei einem Rundgang entlang des schönen alten Baumbestands des Parks. Die Mosaikwerke der Künstlerin Janine Despaigne sind nett anzusehen, können aber auch als außergewöhnliche Sitzgelegenheiten genutzt werden. Im hinteren Teil des Parks befindet sich dann das älteste Kleindenkmal der Stadt. Als Erin-

Im Westpark wird nicht nur gechillt, sondern auch an verschiedenen Tagen in der Woche getanzt.

nerung an die 1866 gefallenen Soldaten der Schlacht bei Königgrätz thront dort ein Löwe auf einem Podest. Er hat mit geschlossenen Augen seinen Kopf auf die Tatze gelegt und soll so die schlafende Kraft des Vaterlandes symbolisieren. Und zuletzt – nicht offensichtlich, aber beeindruckend: Man wandelt hier auf einem Bunker. Unter Teilen des Westparks zieht sich nämlich die Großstollenanlage Dortmund aus dem Zweiten Weltkrieg entlang.

Das zur schweren Kost, nun wieder die etwas leichtere. Im Biergarten des Café Erdmann (www.cafe-erdmann-dortmund.de) macht man es sich nach dem Spaziergang unter schattigen Bäumen gemütlich. Ein beliebter Treffpunkt für das kühle Feierabendbier. Auf den großen Holzsonnenliegen und mit entspannter Musik im Hintergrund darf die urbane Parkkulisse mit all ihren Überraschungen dann noch mal wirken.

FAZIT: GRÜNE LUNGE UND HISTORISCHER SCHAUPLATZ – IM WESTPARK GIBT'S DAS KONTRASTPROGRAMM.

Hin & weg: U42, S4 und Buslinie 453 bis Dortmund Möllerbrücke.

Beste Zeit: Ab Frühling, sobald sich die ersten Blüten öffnen. Noch besser im Sommer, wenn die Sonne alle Grünflächen schön erwärmt hat.

Dauer: 20 Min. Rundgang, dann nach Lust und Laune.

Ausrüstung: Picknickdecke, Fotoapparat, Geld für den Sundowner.

NÄCHSTE HALTE-STELLE: KUNST

... am Gelsenkirchener Hauptbahnhof

#33

Einsteigen, aussteigen, umsteigen. Zusammenkommen und wieder auseinandergehen. Ein Bahnhof ist auch immer ein Treffpunkt der verschiedensten Menschen. Genauso individuell sind die Skulpturen, die aufmerksame Betrachter rund um den Gelsenkirchener Hauptbahnhof finden können.

Um das Kunstwerk »Pulsierendes Signallicht« vollständig zu erfassen, muss man ein wenig länger verweilen. Das farbenfrohe Fenster zeigt die fünf Hauptbereiche der Wirtschaftswunderjahre.

Dieser Bahnhof zeigt sich als Ort der Widersprüche. Seit seinem Umbau im Jahr 2006 erstrahlt er in neuem Glanz. Dann wiederum gibt's Ecken, an denen man lieber schnell vorbeigehen möchte. Aber vielleicht ist es gerade diese Gegensätzlichkeit, die ihn als Ausgangspunkt für eine Kunstroute prädestiniert.

Kunst im öffentlichen Raum, darum geht's bei den drei Touren des Projekts Stadtkunst. Abseits von Museen finden sich die Kunstwerke in Parks, an Straßen, auf Plätzen oder auch Schulhöfen. Zwei Routen führen durch die Innenstadt und sind gut zu Fuß zu bewältigen, außerdem wartet eine Radtour durch Gelsenkirchen-Horst auf strampelfreudige Kunstfreunde. Jedes der Werke wurde mit einem QR-Code versehen, über den man Details und Hintergrundinformationen zum jeweiligen Objekt via Smartphone abrufen kann.

Für die Feierabendrunde schlendert man also am besten einmal um den Bahnhof und schaut, was es da zu entdecken gibt. Auf dem Vorplatz hängt die Installation »Pulsierendes Signallicht« von Gerhard Reinert. Sie besteht aus Ein- und Ausfahrtssignalen, die von innen nach außen pulsieren. Die immer gleichen, fahrplanmäßigen Bewegungen sollen den ungleichmäßigen Bewegungen der Menschen gegenüberstehen.

Dann weiter Richtung Hauptpost. Hier führt der Weg zur Skulptur von Liesel Bellmann. Das zweiteilige Kunstwerk »Keimling« erinnert an einen eben solchen. Dabei scheint der eine Teil das noch geschlossene Saatgut darzustellen, während die große Form kurz vorm Aufblühen steht. Sucht man sich nun seinen Weg zum ehemaligen Kaufhaus Boecker, befindet sich an dessen Fassade ein riesiges,

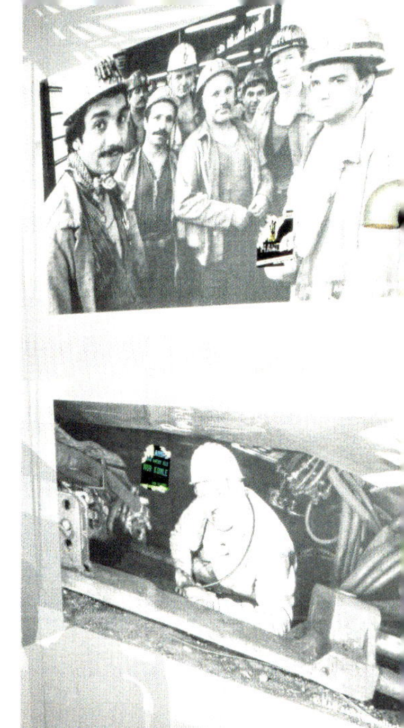

buntes Glasfenster. Das Bild thematisiert die »5 Säulen der Wirtschaft« zur Nachkriegszeit. Einst hing es im alten Bahnhof, nach dem Abriss in den 1980er-Jahren fand es hier seine neue Heimat.

Wem heute eine kleine Runde ausreicht, der erkundet lediglich noch die andere Seite des Bahnhofs. Dort steht die zylinderförmige Figur des Künstlers Günter Tollmann. Danach geht's zurück zum Ausgangspunkt. Wen die Beine aber noch ein wenig weiter tragen, der orientiert sich Richtung Musiktheater im Revier. Hier bündelt sich wieder jede Menge Kunst.

Am Ende ist man dann doch erstaunt, wo überall kunstvolle Überraschungen warten – sogar an Orten, die es auf den ersten Blick nicht vermuten lassen.

FAZIT: GELSENKIRCHEN MAL AUF EINE GANZ ANDERE, EINE KÜNSTLERISCHE ART KENNENLERNEN.

Hin & weg: Aus allen Richtungen bis Gelsenkirchen Hauptbahnhof.

Beste Zeit: Frühling bis Herbst. Alle Infos und Touren unter www.gelsenkirchen.de/de/Kultur/Bildende_Kunst__Literatur__Tanz/kunst_im_oeffentlichen_raum

Dauer: Der Hauptbahnhof und das Musiktheater im Revier sind nur 20 Min. voneinander entfernt, für eine Tour aber ruhig 1 Std. einplanen.

Ausrüstung: Handy, um die Codes zu scannen.

Hart aber herzlich

… auf der Waldpromenade in der Haard

#34

Als sei die Haard nicht schon schön genug, gibt's inmitten der hügeligen Landschaft seit Kurzem etwas Neues zu entdecken. Eine Waldpromenade zwischen Marl und Oer-Erkenschwick entpuppt sich als Grenzerfahrung – eine Erlebnisstrecke zwischen dichtem Wald und weiter Landschaft.

#Waldrunde #ich&meinHolz #Naturwissen #hautnaherleben

Die Holzfiguren sind wahre Kunstwerke und weisen einem den Weg zu den verschiedenen Stationen.

Das Naherholungsgebiet Haard als grüne Lunge im Kreis Recklinghausen ist den meisten bekannt. Die Ende 2020 eröffnete Waldpromenade aber hat sich vielleicht noch nicht so herumgesprochen. Das sollte sich unbedingt ändern, denn eine kleine Abendwanderung entlang der ausgeschilderten Strecke verspricht nicht nur Entspannung, sondern lässt auch die Sinne aufhorchen. Sie liegt dabei weitgehend auf dem historischen Haardgrenzweg. Grenzweg deswegen, weil er sich zwischen Waldgebieten und freien Landschaften befindet. Eine abwechslungsreiche Tour also mit vielen Ein- und Ausblicken, die zum Beispiel am Stimbergpark starten kann.

Natur öffnen, ohne sie zu gefährden, das war die Idee hinter dem Konzept. Die Waldpromenade ist Teil des Projekts »Naturverträgliche Tourismusentwicklung der Haard«. Hier gemachte Erfahrungen sollen dann auch auf andere Wälder übertragen werden. Die Umsetzung erlebt der Besucher an drei hübsch gestalteten Aufenthaltsbereichen und verschiedenen Erlebnisstationen. Baumringe zu zählen und Tierspuren zu lesen, kann ja durchaus etwas Meditatives haben. Außerdem gibt's Stationen mit Infotafeln und QR-Codes. Einfach scannen und man bekommt ein Geräusch aus Feld und Wald auf die Ohren. Schon mal gehört, wie ein Fuchs bellt? Und wer möchte, kann auch mal den Kleinen Fuchs suchen – dann aber die Augen nach einem orange-braunen Schmetterling offenhalten.

Den ganzen Weg über begleiten einen zudem die mannshohen Holzskulpturen des Künstlers Georg Maurus. Er nennt sich auch Crazy George – denn diese filigranen Figuren soll er tatsächlich mit einer Kettensäge geschnitzt

Ja wer läuft denn da zwischen Wald und Feld? Per Handy gibt's alle Infos.

haben. Wirklich verrückt! Lebensecht und ausdrucksstark blicken sie einen an und haben immer einen Bezug zu ihrem Standort: ein Opa mit dem Enkel auf den Schultern, ein Wanderer oder auch mal ein Wildschwein.

Möchte man den gesamten Weg laufen, sind das gut 5,5 Kilometer. Immer der blauen Sonne folgen. Zusätzlich gibt's einen 3,3 Kilometer langen, barrierefreien Rundweg, der durch eine rote Sonne gekennzeichnet ist. Die Stationen ziehen sich vom Parkplatz am Stimbergpark bis zum Forsthaus Haidberg. Dazwischen liegen einige Wanderparkplätze. Wer unterwegs eine Rast braucht, macht Halt im Ausflugsrestaurant Mutter Wehner (www.mutter-wehner.de). Dort sitzt man drinnen und draußen schön. Kann der holzige Geselle vom Parkplatz gegenüber nur bestätigen, auch wenn er gerade lieber an seinem Pausenbrot knabbert.

FAZIT: NATUR, KUNST UND WISSEN – DIE WALDPROMENADE IST WAS FÜR KLEINE UND GROẞE KINDER.

Hin & weg: Buslinie 231 bis Oer-Erkenschwick Maritimo, Wanderparkplätze entlang der Strecke. Zurück über Marl-Sinsen Bahnhof.

Beste Zeit: Frühjahr bis Spätsommer. Infos und GPX-Download unter www.rvr.ruhr/themen/tourismus-freizeit/waldband/waldpromenade. Oder einfach den Wegweisern folgen.

Dauer & Strecke: Wer gut durchmarschiert, schafft die 5,5 km in 1,5 Std., aber das will ja niemand.

Ausrüstung: Handy, um die Codes einzuscannen, Fernglas.

Der Weichensteller
BAUER SELECTON II O

DIE HÜTER DES FILMS

… im Sweetsixteen-Kino in Dortmund

#35

Kino als Kunst und nicht als Konsumgut, mit diesem Anspruch lässt eine Gruppe von Filmbegeisterten in der Dortmunder Nordstadt den Traum vom guten alten Programmkino weiterleben. Da kommen nostalgische Gefühle auf.

Einst Straßenbahnwerkstatt, heute Kulturort. Im schnuckeligen Kinosaal wartet ein ambitioniertes Filmkunstprogramm, nostalgische Gefühle inklusive.

Womit kann man Filmenthusiasten so richtig glücklich machen? Mit einem Kinoerlebnis im 16-Millimeter-Format, schön analog und mit ratterndem Projektor. Deshalb auf in die Dortmunder Nordstadt, denn dort befindet sich das süße Sweetsixteen-Kino, das einmal im Monat diese Schätzchen auf die Leinwand bringt.

Heimat hat das Cinema in den Räumen eines Depots gefunden. Hier war früher mal eine Straßenbahnwerkstatt. Heute wird das Areal von Einzelpersonen, Gesellschaften und Vereinen aus den vielfältigsten Bereichen genutzt: Architektur, Design, Fotografie oder eben die Cinephilie. Beim Beitreten der Eingangshalle blickt man direkt auf eine alte Bahn als Relikt früherer Zeiten. Im hinteren Teil ist auf der linken Seite der Eingang zum Kino. Plakate und einzelne rote Kinosessel machen schon direkt Lust auf die Reise in die Vergangenheit. Im Vorraum befindet sich eine kleine Theke, überall stehen antike Möbel, und auch ein historisches Filmabspielgerät ist zu sehen.

Das Programm des Kinos präsentiert sich bewusst jenseits der Mainstream-Paläste. Die Filme werden weniger nach kommerziellen, sondern eher nach künstlerisch-ästhetischen Kriterien ausgewählt. Auch der Austausch mit dem Publikum macht das Konzept des Kinos aus. Wer Filmtipps parat hat oder aktiv mithelfen möchte, ist herzlich willkommen.

Bei den Filmclubabenden darf sich das Publikum aus einer Auswahl der inzwischen mehreren tausend analogen Filmrollen das Programm sogar selbst zusammenstellen. Die Themen reichen von Flora über Fauna bis hin zu Sozialem. Wer an diesem außergewöhnlichen Abend vorbeischaut, wird gegen ein klei-

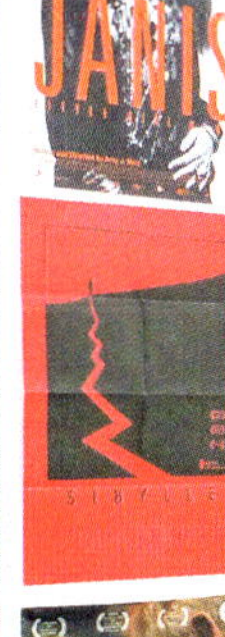

nes Entgelt automatisch Mitglied im Filmclub und kann die nächsten Monate kostenlos zu diesem Event kommen.

Ein Besuch bei den »Sweeties« verspricht also einen ganz besonderen Abend. Es ist mehr als ein Kinobesuch – emotional, nostalgisch, mal anspruchsvoll, aber dann auch wieder herrlich leicht. Es fühlt sich an wie gestern, als man mit roten Bäckchen neben seinem Schwarm dem ersten Date entgegenfieberte. Also schnell noch eine Tüte Bonbons geholt und hinein in den Kinosaal.

100 gemütliche rote Sessel warten auf die Besucher. Hier sitzt man bequem und in familiärer Atmosphäre. Wenn schließlich das Licht ausgeht, ist sie wieder da: die kleine heile Welt von früher. Zurücklehnen und einfach zwei Stunden lang dieses Gefühl genießen.

FAZIT: DAS KINO IN DER NORDSTADT LÄSST DIE HERZEN VON CINEASTEN HÖHER SCHLAGEN.

Hin & weg: U41, U45 und Buslinie 412 bis Dortmund Immermannstraße/Klinikzentrum Nord.

Beste Zeit: Kino geht immer, aber vor allem, wenn es draußen ungemütlich ist. Programm unter www.sweetsixteen-kino.de

Dauer: 2 Std. Filmvergnügen.

Ausrüstung: Geld für Kinokarte und kleine Leckereien.

SCHIMMI SCHIMMI YEAH

Glaubt man den Tatort-Folgen, ist es am Duisburger Binnenhafen dreckig und gefährlich. Das stimmt natürlich nicht, denn Schmuddelcharme findet man schon lange nicht mehr. Vielmehr eine typische Pottmischung aus Historie, Industrie und Moderne, die es auf den Spuren einer Legende zu entdecken gilt.

#Hafenflair #SchimmisRevier #dieLegendelebt

Zwischen Heimat und Fernweh: Ein Blick auf die vorbeifahrenden Schiffe weckt jede Menge Gefühle.

»Mit Komplimenten kommen Sie bei mir nicht weit«. So war er, der Horst Schimanski aka Schimmi. Ein Fernsehkommissar, rau, aber herzlich, der gerne flucht, trinkt und ausschließlich Currywurst isst. Mal einen Abend diesen ungehobelten Kerl rauszulassen, das wär's doch. Ja und Amen hat man im Büro schon den ganzen Tag gesagt. Die passende Kulisse wartet am Duisburger Hafengebiet, denn hier wurden viele der Tatort-Szenen gedreht. 29 Folgen lang pöbelte sich Götz George in seiner Paraderolle mit vollem Körpereinsatz durch Ruhrort und machte den Stadtteil deutschlandweit berühmt.

Blickt man zurück, konnte das Viertel auch davor schon eine durchaus bewegte Geschichte vorweisen. Anfang des 20. Jahrhunderts galt der Rheinhafen als das Tor zum Ruhrgebiet. Der Seehandel florierte und zu seinen Hochzeiten war Ruhrort sogar der reichste Stadtteil Deutschlands mit – man höre und staune – einer höheren Millionärsdichte als Berlin. Ende der 1960er-Jahre brach der Ruhm allerdings

Im Goldenen Buch der Schifferbörse hat sich sogar Kaiser Wilhelm II. eingetragen.

ab, und das Hafengebiet wurde nur noch für Lager- und Gewerbehallen genutzt. Doch knapp 20 Jahre später bekam das Areal im Rahmen der Internationalen Bauausstellung Emscher Park ein neues Gesicht. Heute ist es ein eindrucksvolles Industriedenkmal, inzwischen aber auch wieder der größte Binnenhafen der Welt. Täglich legen riesige Schiffe ab und schippern über den Rhein in die Weltmeere.

Mit einem kleinen Rundgang schlägt man also zwei Fliegen mit einer Klappe: die Tatort-Spurensuche und Industriegeschichte in R(h)einkultur. Startpunkt ist natürlich die Horst-Schimanski-Gasse. Ein bis dato namenloser Weg bekam 2013 den Namen des schnurrbärtigen Idols verpasst. »Dem Schimmi seine Gasse« war tatsächlich schon mal Tatort-Kulisse, gleichzeitig ist sie aber auch ein typisches Beispiel für eine Fahrrampe, die einst Altstadt und Hafenmund miteinander verband. Direkt daneben liegt die Schifferbörse. Wo früher die Fracht ausgehandelt wurde, besprachen sich in der Folge »Unter Brüdern« Schimanski und Thanner mit ihren Kollegen. Häufig

Pommes vor Sonnenuntergang – das hätte Schimmi auch gefallen.

vorkommende Drehorte waren außerdem die verschiedenen Hafenbecken. Dort schweißte der Teufelskerl an Schiffen, stellte sich tollkühnen Bootsverfolgungsjagden und sprang ins eiskalte Wasser. Also einfach mal lässig am Hafenrand stehen und so tun, als ob man für jede heroische Tat bereit wäre.

Zurück geht's einmal quer durch die Straßen von Ruhrort. Nach all den imaginären Taten hat man sich sein Feierabendbier doch mehr als redlich verdient. Richtung Dammstraße gibt's einige Cafés und Kneipen, in denen der Durst gestillt werden kann. Schön ist es aber auch, sich einfach an der Friedrich-Ebert-Brücke auf eine Bank zu setzen, den vorbeifahrenden Schiffen mit Currywurst-Pommes-Mayo und 'nem Pilsken zuzuschauen – und sich zu fragen, wie Schimmi es eigentlich fertiggebracht hat, auf der Brücke seinen Golf zu schrotten.

FAZIT: FÜR TATORT-FANS EIN MUSS, FÜR ALLE ANDEREN AUCH.

Hin & weg: Straßenbahn 901 bis Duisburg Karlstraße. Oder stilecht wie Schimmi mit einem in die Jahre gekommenen Auto.

Beste Zeit: Eigentlich immer. Fürs passende Ambiente darf der Himmel auch mal grau sein.

Dauer & Strecke: 40 Min. für 2,5 km

Ausrüstung: Notizblock, coole Pose.

Übrigens: GPX-Download auf Seite 229.

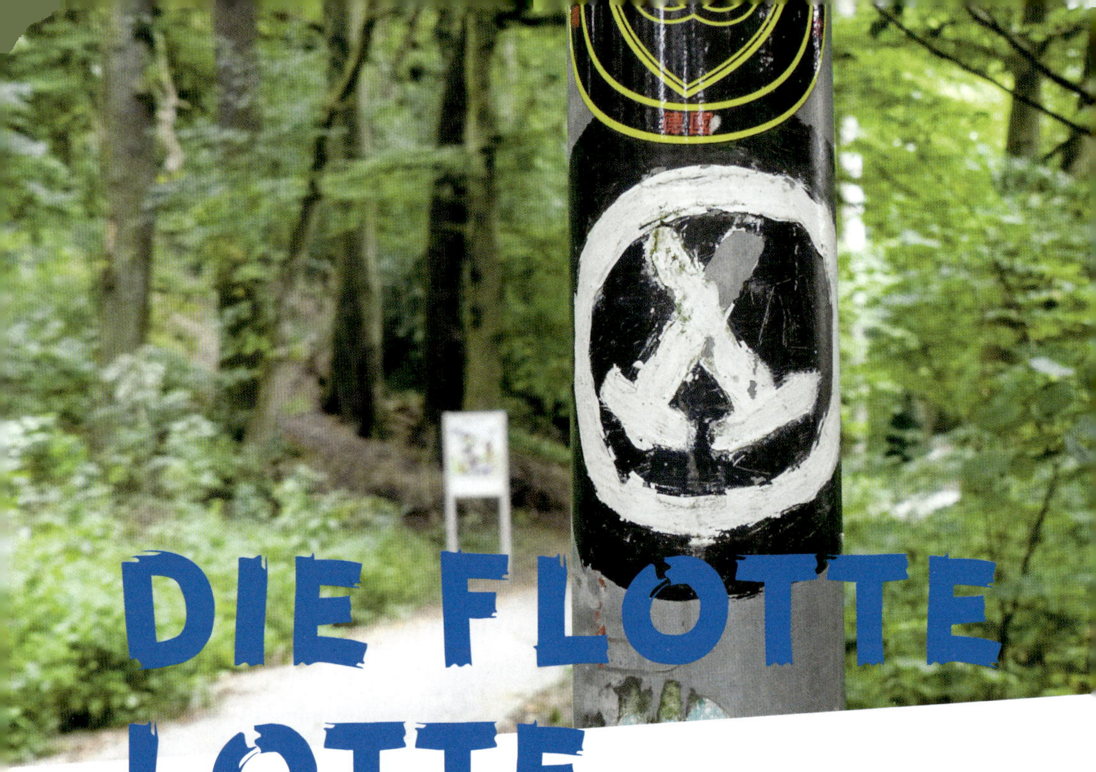

DIE FLOTTE LOTTE

… rund um die Uni Bochum

#37

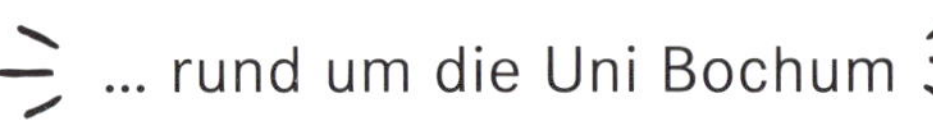

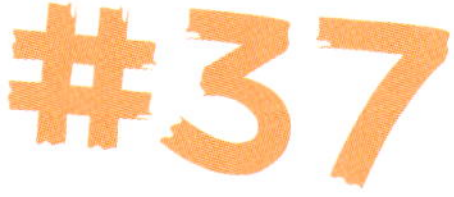

Das Lottental liegt im Südwesten von Bochum, nahe der Ruhr-Universität. Nicht nur für Studenten lohnt sich eine Erkundung des abwechslungsreichen Areals. Wilde Natur und Industriegeschichte sind hier nur ein paar Schritte voneinander entfernt.

#durchswildeBochum #Bergbauliebe #Geschichtsstunde

Die Mauern des Maschinenhauses sind noch erhalten, der Blick ins Innere bleibt aber verwehrt.

Der Uni Bochum eilte jahrelang der Ruf voraus, eine Betonwüste zu sein, in der ein Student ja nur depressiv werden könne. Da will man rufen: Schaut euch doch mal um! Denn rund um das Gelände wartet geradezu ein grünes Paradies: von der Zierblume bis zum wildesten Dickicht. Wer zudem noch dem Bergbauwanderweg folgt, bekommt einen Hauch Industriegeschichte on top.

Ein guter Startpunkt liegt an der Kreuzung Akazienweg/Eichenweg. Letzterem folgt man, bis schon nach kurzer Zeit das ehemalige Maschinenhaus von Schacht Anna der Zeche Glücksburg auftaucht. 1858 begann dort die Kohleförderung, diese wurde allerdings 1878 schon wieder eingestellt. Zu einem Wohnhaus umgebaut, steht das Gebäude heute unter Denkmalschutz. Es wirkt inzwischen ziemlich verfallen, wenn auch mit einem ganz besonderen Charme.

Weiter den Weg entlang, geht's links in einen Wald, der bis zur Straße Im Lottental führt. Die nun folgende Strecke ist übrigens ziemlich exakt die frühere Trasse der Kohleförderung. Bald schon erblickt man auf der linken Seite den Hinweis zur Ruhr-Universität und natürlich auch zum überregional bekannten Botanischen Garten. Wer im Sommer früher Fei-

Ein Stück Bergbaugeschichte auf sich wirken lassen: Das Gebäude der früheren Steinkohlezeche Glücksburg markiert die Übergangszeit vom Stollenbau zum Schachtbau.

erabend machen kann, muss hier unbedingt vorbeischauen (Öffnungszeiten bzw. Schließzeiten beachten, www.boga.ruhr-uni-bochum.de), für alle anderen lohnt es sich aber genauso, den wilden Kalwes zu erkunden. So heißt der bewaldete Bergrücken, welcher sich östlich des Botanischen Gartens erstreckt. Er wirkt mit seinen riesigen Buchen, knorrigen Altholzkreaturen, türkisen Teichen und mächtigen Steilwänden gruselig und beeindruckend zugleich. In dieser naturbelassenen Umgebung fühlt sich die Tier- und Pflanzen-

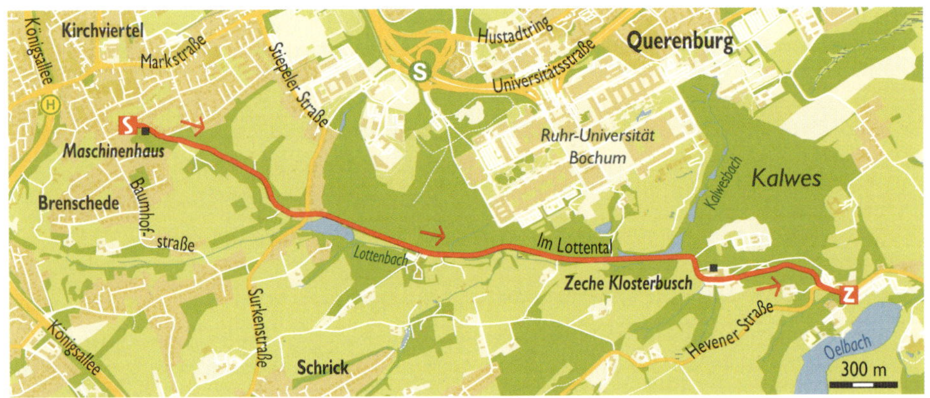

welt richtig wohl, und für den aufmerksamen Spaziergänger gibt's einiges zu erkunden.

Wer es beschaulicher mag, lässt den Dschungel wortwörtlich links liegen und folgt stattdessen weiter der Straße, auf der nun die Gebäude der ehemaligen Zeche Klosterbusch erscheinen. Der dazugehörige Steinbruch darf sich übrigens größter geologischer Aufschluss Bochums nennen. Er ist zwar nicht frei zugänglich, kann aber im Rahmen von Führungen besichtigt werden (Führungen unter www.geopark.ruhr > Standorte > Geotope > Klosterbusch).

Zum Abschluss kann man sich am besten einfach Richtung Kemnader See treiben lassen. Wer dann keine Lust mehr hat, den Weg zurück wieder zu Fuß zu gehen, tuckert bequem mit dem Bus Richtung Ausgangspunkt.

FAZIT: NATUR TRIFFT BERGBAU – IM RUHRGEBIET STETS EINE GUTE MISCHUNG.

Hin & weg: S37 und diverse Buslinien bis Bochum Königsallee/Markstraße.

Beste Zeit: Frühjahr bis Spätsommer.

Dauer & Strecke: Etwas unter 1 Std für 3,5 km.

Ausrüstung: Fotoapparat; festes Schuhwerk, wenn man den Kalwes erkunden möchte.

Übrigens: GPX-Download auf Seite 229.

WIE AUF ´NER POST-KARTE

... in der Zechensiedlung Teutoburgia

Manch einer sagt, sie sei die schönste Bergbausiedlung im Ruhrgebiet. Aber davon sollte sich jeder selbst ein Bild machen. Abwechslungsreich ist die Herner Gartenstadt auf jeden Fall – und gleichzeitig ein Ausflug in eine vergangene Welt.

#Zeitreise #Bergarbeitersiedlung #Gartenstadt #Fassadenidyll

Nostalgie und heimisches Ambiente – hier lebt es sich schön.

Das Leben der Bergmänner war oft dunkel. Und grau. Umso heller und grüner sollten zumindest die Wohnsiedlungen der Zechen sein, um den Familien abseits der Arbeit ein kleines Idyll zu schaffen. Wer heute durch die Zechensiedlung Teutoburgia spaziert, kann dieses Nebeneinander von Schwerstarbeit und fast schon lieblichem Charme der Architektur immer noch spüren.

Die Siedlung wurde ab 1909 zusammen mit der gleichnamigen Zeche erbaut und nach der Gartenstadtidee von Ebenezer Howard angelegt. Das heißt: Doppel- und Reihenhäuser mit eigenem Garten und dazwischen viele grüne Freiflächen. Inzwischen modernisiert und unter Denkmalschutz gestellt, sind die hübschen Häuser heutzutage begehrte Wohnobjekte. Die Baarestraße darf als Hauptachse

Die Fassaden der Häuser sind abwechslungsreich anzusehen.

der Siedlung bezeichnet werden. Diese Allee mit ihren großkronigen Bäumen führte früher zum Zechentor, die anderen Straßen laufen in Bögen um sie herum. Im Südwesten findet sich als Besonderheit der Teutoburgiahof, eine u-förmige Wohnanlage, die sich als Blockbebauung um einen Innenhof zieht.

Aber zurück zur Baarestraße und ihren Seitengassen. Auffallend die vielen verschiedenen Fassaden, welche sich aber zu einem harmonischen Gesamtbild zusammenfügen. Man sieht Putz, Ziegel, Schiefer, Holz, und auch die Dachformen unterscheiden sich. An einigen Eckgebäuden befinden sich außerdem kleine Türme. Die Klappläden der Fenster sind oft farblich abgesetzt. Hübsch die Eingangsbereiche, die mit Loggien versehen wurden. Perfekt, um mit den Nachbarn einen kleinen Plausch zu halten. Die Gärten, in denen früher Gemüse angebaut und Nutztiere gehalten wurden, zeigen sich heute von ursprünglich bis liebevoll dekoriert. Die Vorgärten dagegen sind bewusst offen und luftig gehalten, Hecken und Zäune sollen den Blick auf die Häuser nicht stören.

Am Ende des Spaziergangs durch die Siedlung orientiert man sich am Fördergerüst der Zeche Teutoburgia und gelangt in den vom Förderverein angelegten Kunstpark. Natur, Kunst und Historie ganz nah beieinander. Wer mehr über den Park erfahren möchte, schaut im Buch »52 kleine & große Eskapaden im Ruhrgebiet« nach.

Der Pott punktet aber natürlich noch mit anderen eindrucksvollen Arbeitersiedlungen. Allen voran die von Margarethe Krupp gestiftete Vorzeigesiedlung Margarethenhöhe in Essen.

In den Vorgärten finden sich hübsche kleine Details.

Idyllische Straßen, hübsche Häuschen, oft üppig mit Blumen bestückt, und der große Marktplatz – hier wohnt man so gerne, dass schon Kinder direkt nach der Geburt auf die Warteliste gesetzt werden.

Wer sich für eine der ältesten Arbeitersiedlungen Deutschlands interessiert, sollte sich auf den Weg nach Oberhausen machen. Gebaut 1846, wurde die Siedlung Eisenheim allerdings nach dem Zweiten Weltkrieg so sehr vernachlässigt, dass ihr sogar der Abriss drohte. Dank eines Bürgerbegehrens konnte dieser historische Ort aber erhalten bleiben. Die Häuser stehen heute unter Denkmalschutz und vermitteln zusammen mit dem kleinen Museum im ehemaligen Waschhaus einen authentischen Einblick in das Leben der Bergarbeiterfamilien. Ein richtiger kleiner Ruhepol inmitten der Ruhrmetropole.

FAZIT: HEIMELIGE ATMOSPHÄRE IN EINER EINDRUCKSVOLLEN ZECHENSIEDLUNG.

Hin & weg: Buslinien 311, 333 und 351 bis Herne Baarestraße.

Beste Zeit: Zu jeder Jahreszeit schön.

Dauer: Rundgang ca. 1 Std.

Ausrüstung: Fotoapparat.

SOMME
AUF DEM
Imbusch
WAS SIND deine
VERSTECKTEN
Potenziale
ENTDECKE DICH!
JOB
PROFIL
jobprofilfinder
info@jobprofilfinder.de
www.JOBPROFILFINDER.de
DURCH
STARTEN

Mein Revier ist hier

... in der Kofabrik in Bochum

#39

Gestern noch Eisenhütte, heute Kreativtreffpunkt: Die Bochumer Kofabrik hat sich neu erfunden und ist jetzt Aktionsort, Co-Working-Space, Bürokomplex, Café, Nachbarschaftsgarten und beliebter Treffpunkt. Beispiel einer Metamorphose, wie sie alte Gebäude im Pott häufig vollziehen.

Hach, wie schön war das früher, als die Liebe zum Viertel so groß war wie zum Fußballverein. Getreu dem Motto »Mein Revier ist hier« lag alles Wichtige direkt vor der Haustür: die Arbeit, nette Leute, Aktivitäten und die wohlverdiente Feierabendentspannung. Die Kofabrik macht dieses Gefühl wieder lebendig. Eine kleine grüne Kreativoase mitten in Bochums City. Gleich nebenan rauscht der Verkehr des vierspurigen Innenstadtrings vorbei.

Freiberufler, Freelancer und alle Glücklichen mit freier Arbeitsplatzwahl müssen gar nicht bis zum Arbeitsende warten, um eine gute Zeit in der Kofabrik zu haben. In drei Co-Working-Spaces gibt's lockere Büroatmosphäre statt Hemd und Krawatte – und leckeren Kaffee dazu. Für alle anderen gilt: Ruhe bewahren, der Feierabend kommt bestimmt bald!

Und dann wird es höchste Zeit, der ehemaligen Eisenhütte an der Stühmeyerstraße einen Besuch abzustatten. Mehr als 2000 Quadratmeter Platz für Ideen, kreative Projekte und nachbarschaftliche Initiativen. Ein genialer Tummelplatz, den eine Kooperation der Montag Stiftung Urbane Räume und der Stadt Bochum möglich machte.

Rund 3,3 Millionen Euro wurden in Erwerb und Herrichtung des alten Gebäudes investiert. Alle Überschüsse, die durch die Vermietung von Büros und Ateliers erzielt werden, fließen in soziale und kulturelle Projekte für das Viertel. Ein eigens gegründeter Verein stellt sicher, dass die gemeinwohlorientierte Nutzung mit nachhaltiger Wirtschaftlichkeit verbunden bleibt. Auch die Mieter der Büroräume in der Fabrik tragen den Gemeinwohl-Gedanken mit: Für jeden angemieteten Quadratmeter Fläche

Mitmachen ausdrücklich erwünscht! Die Kofabrik lebt vom Engagement der Menschen und freut sich immer über neue Besucher.

investieren sie ein bestimmtes Zeitkontingent in lokale Projekte.

Los geht die Entdeckungsreise in der wohl kreativsten Fabrik im Pott. Da wäre zum Beispiel die große Quartiershalle: Einst Schreinerwerkstatt und Wagenhalle der Bochumer Eisenhütte ist sie nun ein multifunktionaler Quartierstreffpunkt, ergänzt durch Seminarraum, Buchladen und sogar ein kleines Fitnessstudio auf der Galerie. Ideen für Projekte kann jeder mitbringen. Recycling-Tage, Vorträge und Konferenzen haben dort schon stattgefunden. Richtig kreativ wird es nebenan im Kolabor mit seinen zahlreichen Kunst-, Bewegungs- und Kulturangeboten.

Bei Wärme und Sonnenschein lockt dann vor allem der Mitmach-Nachbarschaftsgarten auf dem Imbuschplatz. In tatkräftigen Gemeinschaftsprojekten ist hier ein bunt bepflanztes, saisonales Wohnzimmer mit Picknicktisch entstanden, das unter dem Motto »Sommer auf dem Imbuschplatz« auch als Bühne für allerlei Veranstaltungen dient. Der perfekte Raus-aus-dem-Alltag-Ort.

Das letzte Schmankerl nach Feierabend holt man sich am besten im Nachbarschaftscafé Stüh33. In ungezwungener Atmosphäre ausgefallene Kaffee- und Teespezialitäten entdecken und die hausgemachten Leckereien schnabulieren – so geht Dolce Vita a la Pott.

FAZIT: HIERHIN GESELLT MAN SICH GERNE. ECHTE NACHBARSCHAFT IM POTT ERLEBEN.

Hin & weg: Straßenbahnlinie 306 oder 316 und diverse Buslinien bis Bochum Brückstraße.

Beste Zeit: Zu jeder Jahreszeit – im Sommer sitzt man auch im Quartiersgarten. Öffnungszeiten und Programm unter www.quartiershalle.de, www.ko-labor.de und www.cafe.stueh33.de

Dauer: Individuell. Ein Stündchen oder den ganzen Feierabend. Und wer seinen Arbeitsplatz hierhin verlegt, kann locker den ganzen Tag bleiben.

Ausrüstung: Je nach Vorhaben – von Arbeitsunterlagen bis hin zum Buch, das man gemütlich im Café liest.

ESSEN
ESSEN –

Hop oder Top

Highlights nonstop! Wer die Straßenbahnfahrt von Essen nach Gelsenkirchen antritt, fragt sich bei jedem Halt: Bleib ich jetzt hier oder geht's noch ein wenig weiter? An manchen Orten lohnt es sich definitiv, mal etwas genauer hinzuschauen.

Die App der Kulturlinie führt durch die Geschichte und entlang der Sehenswürdigkeiten der Stadt. Vom Weltkulturerbe bis zum Opernhaus, aber auch vorbei an kleinen Schätzen wie dem Theater Courage.

Mit der Kulturlinie 107 vom Essener zum Gelsenkirchener Hauptbahnhof. Das hört sich für einen Ruhri erst einmal nicht so spannend an. Wie viele kulturelle Schätzchen und unentdeckte Plätze sich aber wirklich zwischen den beiden Bahnhöfen tummeln, das dürfte wohl selbst eingefleischte Pottler überraschen. Die Bahn fährt im normalen Linienbetrieb und man kann nach dem Hop-on-Hop-off-Prinzip an den Haltestellen ein- und aussteigen. Zu jeder der insgesamt 57 Sehenswürdigkeiten entlang der Strecke gibt's auf der Internetseite der Kulturlinie einen bebilderten Text sowie einen Audiobeitrag. Alles kompakt und unterhaltsam verpackt.

Die Tour startet zum Beispiel am Essener Hauptbahnhof. Rundherum bündelt sich direkt mal jede Menge Kultur. Der Willy-Brandt-Platz als Entrée zur Stadt begrüßt einen prachtvoll mit dem traditionsreichen Handelshof. Warum Heinz Rühmann hier einst durch die Straßen lief, kann man auf der Internetseite der Kulturlinie erfahren. Auch, wo die älteste vollplastische Marienfigur des Abendlandes steht, warum Essen eines der besten multifunktionalen Konzerthäuser Deutschlands beheimatet, und wo einer der letzten öffentlichen Paternoster-Aufzüge des Ruhrgebiets seine Runden dreht.

Eigentlich könnte man so schon einen ganzen Feierabend verbringen, aber das Ticket will vollumfänglich genutzt werden. Deshalb rein in die Bahn und auf in Richtung Essener Norden. Beim Blick aus dem Fenster zieht die Ruhrgebietskulisse an einem vorbei; hier ist noch einiges zu entdecken. Das nächste Highlight liegt an der Haltestelle Kapitelwiese: die Zeche Zollverein. Entweder man besichtigt das Gelände – oder macht sich auf die Suche

abseits von Kohle und Maloche, zum Beispiel im urwüchsigen Zollverein Park, in dem zwischen Industriebrachen ein kleines Paradies entstanden ist. Die Natur hat sich hier regelrecht ihren Platz zurückerobert.

Danach geht's mit der Tram weiter bis zum Gelsenkirchener Hauptbahnhof. Schnell noch die Internetseite der Kulturlinie öffnen, um den Weg zur Sehenswürdigkeit 01, dem Musiktheater im Revier, zu finden. Ab jetzt gilt: Nicht einfach durchhasten, sondern ein wenig links und rechts schauen, denn auf dem Weg findet sich Kunst überall! Wer Orientierungshilfe braucht, schaut entweder auf die Internetseite der Stadt Gelsenkirchen oder blättert hier zurück bis Eskapade #33 am Gelsenkirchener Hauptbahnhof. Gegen 23 Uhr fährt die letzte Bahn zurück, alternativ gibt's aber natürlich noch andere Verbindungen zurück nach Essen.

FAZIT: DIE PERFEKTE MÖGLICHKEIT FÜR EINEN UNKOMPLIZIERTEN FEIERABENDTRIP DURCHS RUHRGEBIET.

Hin & weg: Aus allen Richtungen bis Essen Hauptbahnhof oder eine beliebige Haltestelle entlang der Kulturlinie.

Beste Zeit: Jede Jahreszeit hat im Ruhrgebiet ihren Charme. Infos und Strecke unter www.kulturlinie107.de

Dauer & Strecke: Reine Fahrtzeit Essen Hauptbahnhof bis Gelsenkirchen Hauptbahnhof 34 Min., dazwischen ist der Weg individuell gestaltbar.

Ausrüstung: Handy, um die Infos abzurufen, Fotoapparat.

ZWISCHEN GESTERN UND HEUTE

#41

Historie und Moderne ganz nah beieinander – dafür ist der Duisburger Innenhafen ja bekannt. Viele laufen aber dann doch nicht weiter als bis zur Marina. Sollten sie aber, denn dort warten zwei überraschende Momente.

Am Innenhafen kann man die letzten Überreste des mittelalterlichen Stadtkerns bestaunen.

Über die letzten Jahre zum Szeneviertel geworden, lässt es sich am Innenhafen entlang des Wassers wunderbar flanieren und gourmieren. Schicke Neubauten wechseln sich mit geschichtsträchtigen Gebäuden ab. Doch um richtig in die Geschichte abzutauchen, spaziert man beim nächsten Mal einfach ein bisschen weiter als bis zur Marina. Denn viele wissen gar nicht, dass gegenüber der funkelnden Boote die ältesten historischen Zeugnisse der Duisburger Stadtmauer stehen.

Das ehemals 2,5 Kilometer lange Bollwerk wurde 1120 angelegt und im 12./13. Jahrhundert vollendet. Wer sich davon ein genaueres Bild machen möchte, findet auf dem danebenliegenden Johannes-Corputius-Platz ein dreidimensionales Modell der alten Stadt. Der hier zugrunde liegende Corputius-Plan wurde vom gleichnamigen Kartografen angefertigt und zeigt eine detailgetreue Projektion von Duisburg im 16. Jahrhundert. Deutlich zu sehen sind die vier Haupttore, die Stadt und Land verbanden, außerdem elf vollständig und neun teilerhaltene Türme.

Wenn man sich dann der Mauer zuwendet, wird auch die Bauweise klar erkennbar: Tuff auf Bruchstein, so sicherten die Duisburger jahrhundertelang ihr Hab und Gut. Hinter der Mauer folgt wieder der typische Alt-Neu-Kontrast des Innenhafens: Die spitzgiebeligen Wohnhäuser des Corputius-Viertels spielen bewusst mit den Formen ihres historischen Steinnachbarn.

Für eine weitere Zeitreise – die zwar nicht ganz so lange zurückreicht, aber nicht minder interessant ist – geht's ein paar Schritte weiter, nämlich in den Garten der Erinnerung. Er wur-

Schwanentor, Kuhtor, Stapeltor und Marientor, so hießen die vier Eingänge zur Stadt.

de 1999 nach Plänen von Dani Karavan angelegt. Dafür verwandelte der Künstler Überreste der ehemaligen Bebauung in eine skulpturale Landschaft aus Architektur- und Naturelementen. Von den ursprünglichen Formen der Lagerhallen blieben nur noch die Gerüste stehen, aus Schutt wurden Wege geformt und weiße Rasenwellen zeichnen die Bewegung des Wassers nach. Bäume wachsen auf und zwischen den Gebäuden. Und wieder ergibt sich ein perfektes Zusammenspiel von industrieller Vergangenheit und der sich an Kultur und Freizeit orientierenden Zukunft. Ein Ort der Zusammenkunft oder des Alleinseins, wo BMX-fahrende Kids die Rasenwellen erobern und Büroleute nach Feierabend noch ein Buch in den Gebäuderuinen lesen, Eltern mit ihren Kindern spielen und verliebte Paare die Wege entlangschlendern. So ist es gedacht, so soll es sein – Ruhrgebiet par excellence!

FAZIT: BEIM NÄCHSTEN INNENHAFEN-BESUCH DIE AUGEN FÜR BISHER UNENTDECKTE DINGE OFFENHALTEN.

Hin & weg: Bus 934 bis Duisburg Hansegracht.

Beste Zeit: Die schönste Zeit am Innenhafen ist der Sommer.

Dauer: 30 Min., danach noch flanieren entlang der Grachten.

Ausrüstung: Fotoapparat, Buch.

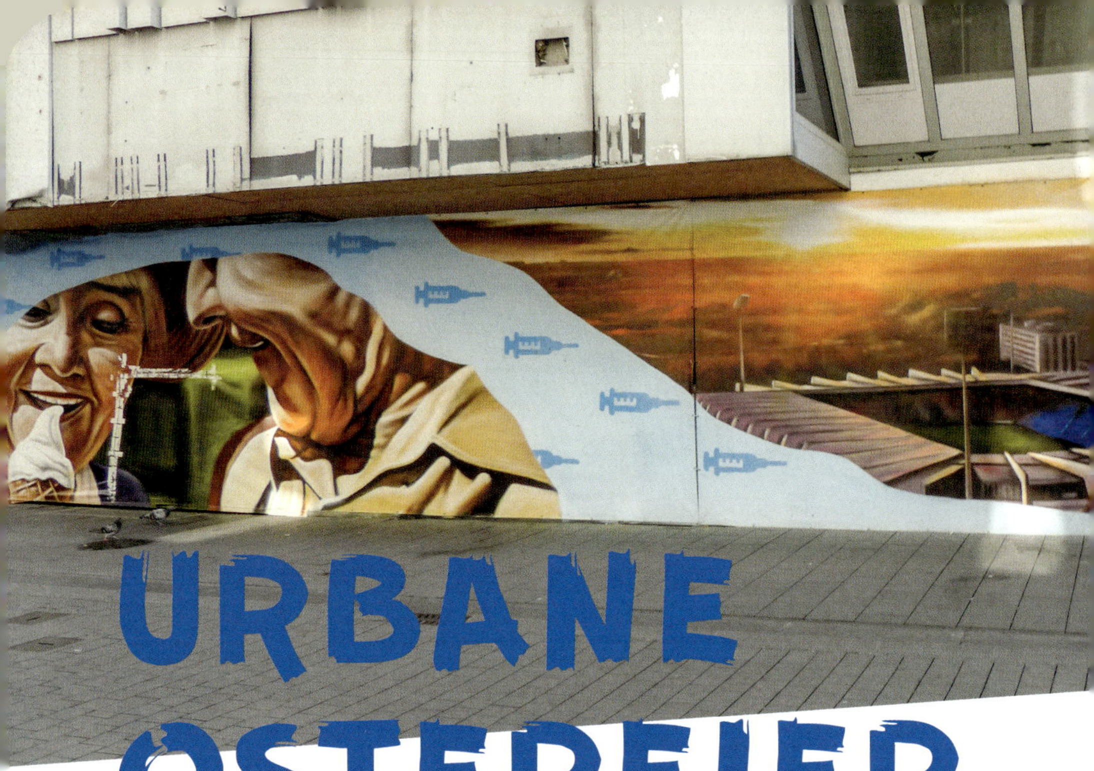

URBANE OSTEREIER

... in Bochum

#42

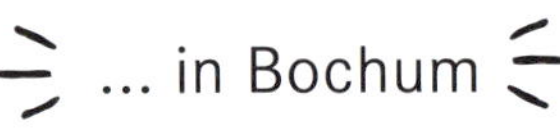

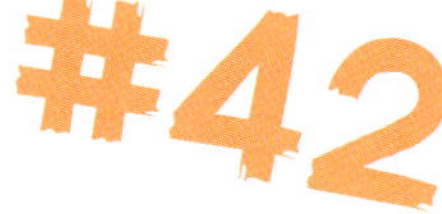

Heute steht nach der Arbeit der größtmögliche Umweg nach Hause an. Auf einer ausgedehnten Runde rund um Bochums Innenstadt wartet nämlich Kunst an jeder Ecke. Manche Werke sind ganz offensichtlich, manche muss man ein wenig suchen.

#Streetart #Murals #bunteWände #überdimensionalschön

Wer durch Bochum spaziert, so… die Augen nach kunstvoll ve… Hauswänden offenhalten

Der Bürotag zog sich mal wieder wie Kaugummi? Dann geht's jetzt aber trotzdem oder gerade deswegen nicht einfach nur schnell nach Hause. In Bochum lässt sich ein Abendspaziergang nämlich ganz wunderbar zu einem Streetart-Walk umwidmen. Unter Streetart versteht man Kunst im öffentlichen Raum. Im Vergleich zu Graffitis steht eher der Bildteil im Vordergrund, und die Werke sind oft Auftragsarbeiten. So haben in Bochum viele der sogenannten Murals im Rahmen des Streetart-Festivals Wright ihren Platz an den Hauswänden gefunden. Entstanden sind kleine, fragile Bilder, aber auch monumental große, die einem wirklich den Atem rauben.

Vom Bochumer Hauptbahnhof führt der Weg zunächst Richtung Westen. Da, wo das Bermuda-Dreieck beginnt, befindet sich das erste Kunstwerk. Um es komplett zu erfassen, braucht es ein wenig Kopfgymnastik, und der Hals muss ganz schön gestreckt werden. Neben der Buchhandlung Janssen in der Brüderstraße hat der Künstler Kibe & Bird einer

Wenn's mal wieder etwas länger dauert ... Beim Streetart-Walk hastet man nicht von einem Werk zum nächsten, sondern lässt sich Zeit, die Kunst zu genießen.

Hauswand wortwörtlich seinen ganz eigenen Anstrich verliehen. Und auch wer kein Freund von Streetart ist, muss zugeben: Das Bild fügt sich toll in die Stadtkulisse ein. Schon einmal hier, bietet sich natürlich ein kurzer Zwischenstopp in den unzähligen Bars, Cafés und Restaurants des Vergnügungsviertels an. Wenn man aber Kunstgenuss den kulinarischen Versuchungen vorzieht, macht man sich weiter auf die Suche nach den bunten Schätzen.

Bevor es links in die Viktoriastraße geht, sollte man an der Haltestelle Südring stehenbleiben und sich umschauen. Einmal um die Ecke geblickt, ist der überlebensgroße Kopf eigentlich nicht schwer zu finden. Erhaben und äußerst authentisch schaut der bärtige Mann auf die Spaziergänger hinab. Gemalt wurde er von Martin Bender. Weiter führt der Weg links entlang der Viktoriastraße, bis diese zur Königsallee wird. Nun steht man im trubeligen Bochum-Ehrenfeld. Rechts leitet die Alte Hattinger Straße zu einer Häuserfront mit dem überdimensionalen Porträt eines Frauenkopfs. Für diese roten, stechenden Augen,

die einen fast zu durchbohren scheinen, ist Künstler Zone 56 verantwortlich. Sehr beeindruckend!

Als Nächstes: Sich einfach ein wenig durch Ehrenfeld treiben lassen und links in die Oskar-Hoffmann-Straße einbiegen. Entweder die Straßen selbst absuchen oder direkt bis zum Ende durchlaufen. Dort wartet auf der linken Straßenseite ein weiteres Mural von Kibe & Bird. Dieses Mal schnellt es aber nicht in die Höhe, sondern in die Weite. Der Künstler verschönerte dort den kompletten unteren Teil einer Hauswand mit einem türkis-roten Gemälde. Zum Schluss noch einmal links abbiegen, und entlang der Universitätsstraße kommt schon bald wieder der Hauptbahnhof in Sichtweite. Übrigens: Auf dem gesamten Weg versteckt sich natürlich noch viel mehr Streetart. Viel Spaß bei der Suche!

FAZIT: IN BOCHUM WIRD DER ABENDSPAZIERGANG ZU EINER KUNSTRUNDE.

Hin & weg: Aus allen Richtungen bis Bochum Hauptbahnhof.

Beste Zeit: Das ganze Jahr über bei Sonnenschein. Infos unter www.bochum-tourismus.de/bochum-entdecken/kunst-und-museen/kunst-im-oeffentlichen-raum.html

Dauer & Strecke: Rund 45 Min. für 3 km – oder länger.

Ausrüstung: Fotoapparat, biegsamer Hals.

Übrigens: GPX-Download auf Seite 229.

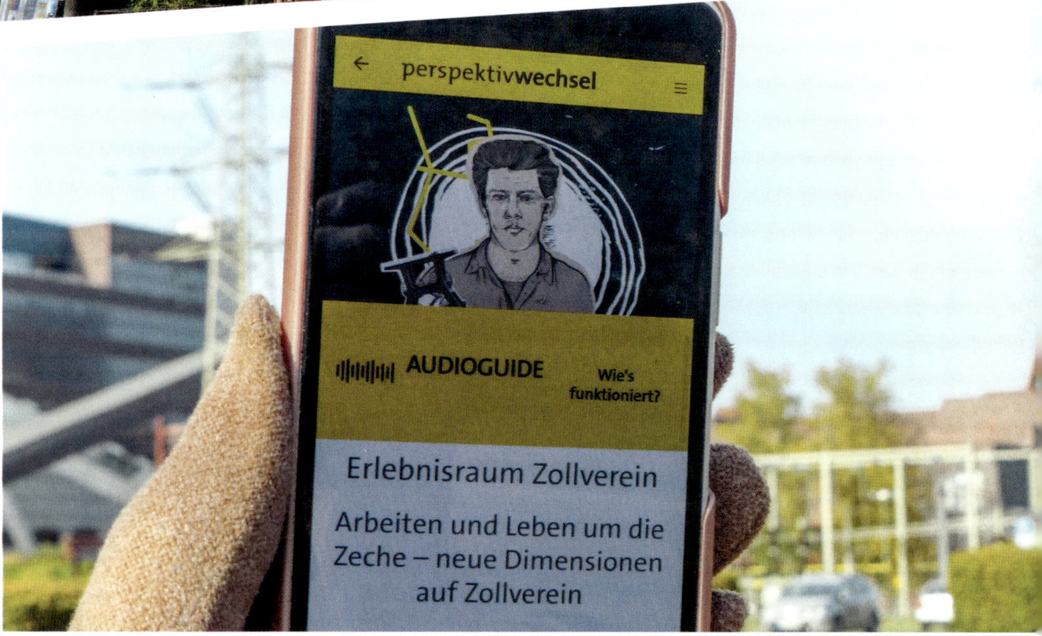

perspektivwechsel
AUDIOGUIDE
Wie's funktioniert?
Erlebnisraum Zollverein
Arbeiten und Leben um die Zeche – neue Dimensionen auf Zollverein

BLICK-WINKEL WECHSELN

... in Essen und andernorts

150 Jahre Industriegeschichte des Ruhrpotts in einem ganz neuen Blickwinkel. Von spannend bis emotional ist alles dabei. Eine Insider-App gibt Einblicke, die auch alteingesessene Ruhris noch überraschen können.

#mitProfisunterwegs #Bergmannwissen #bewegendeEinblicke

Häufiger mal die Sicht auf Dinge zu ändern, das ist nie verkehrt. Wenn die neue Perspektive von wahren Insidern kommt, hat man doppeltes Glück. Und wenn bei einer historischen Tour durchs Ruhrgebiet diese dann auch noch Klara Piontek und Ignatz Kwiatkowski heißen, kann nicht mehr viel schiefgehen.

Wer die App Perspektivwechsel öffnet, merkt schnell: Hier sammelt man kein Touri-Wissen, sondern erhält einen Blick hinter die Kulissen. Erzählt von fiktiven Protagonisten der damaligen Zeit. Und angeleitet von Guide Werner Kaminski, der anhand von drei verschiedenen Touren in Essen, Witten und Bochum erklärt, wie Bergleute lebten, wo sie einkaufen konnten und mit welchen Problemen sie zu kämpfen hatten. Die Strecken können zu Fuß oder mit dem Fahrrad bestritten und ganz individuell gestaltet werden. Dann mal los.

Die Essener Tour startet an der Halle 12 auf dem Gelände der Zeche Zollverein. Als Kind des Ruhrgebiets war man natürlich schon zig Mal inmitten der eindrucksvollen Kulisse, aber wenn Frau Piontek über ihre schwere Arbeit am Leseband oder in der Kohlenwäsche erzählt, bekommt das Ganze einen gehörig emotionalen Touch. Schnell die salzige Träne weggewischt, es gibt noch viel zu sehen.

Weiter geht's, und zwar in den Norden der Stadt. Vorbei am ehemaligen Marienhaus sind es bis zur Kolonie Hegemannshof etwa 30 Minuten zu Fuß. Wem das zu anstrengend ist, der kann auch mit der Kulturlinie 107 fahren (siehe Eskapade #40). Für 30 000 Taler erstand die Zeche Zollverein 1856 den Hof des Bauern Hegemann, um dort Wohnraum für die Belegschaft zu bauen. Entlang der Meerbruchstraße reihen sich bis heute 50 Häuser

Ein Blick hinter die Kulissen: Mit der App Perspektivwechsel begibt man sich auf eine historische Ruhrgebietszeitreise der etwas anderen Art.

gleicher Bauart aneinander und beamen einen sofort in die Vergangenheit. Fast meint man, noch Kohlenstaub auf den Fensterbänken zu entdecken. Apropos Kohlenstaub, der hat auch dem ehemaligen Bergmann Ignatz Kwiatkowski stark zugesetzt, wie er in der App erzählt. Mit 30 ließ ihn seine Lunge im Stich, und so konnte er sich irgendwann die Miete seines Siedlungshauses nicht mehr leisten. Klar, in diesem Fall nur eine fiktive Geschichte, die sich jedoch zigfach so oder ähnlich zugetragen hat. Schon bewegend.

Das nächste Ziel befindet sich gar nicht weit entfernt, denn rund um die Siedlungen eröffnete die Zeche sogenannte Konsumanstalten, um die Bewohner mit Lebensmitteln und Kolonialwaren zu versorgen. Gegenüber der Schachtanlage 4/5/11 entstand so die Konsumanstalt 4.

Nun führt der Weg langsam wieder zurück, vorbei am Katernberger Markt und dann entweder noch auf einen kurzen Abstecher zur Kolonie III und dem Schacht 3/7/10 oder direkt wieder zur Halle 12, dem Startpunkt der Tour.

Ein Ausblick für die nächsten Feierabendevents gefällig? Da könnte es mit Herrn Kaminski rund um die Erlebnisräume Muttental oder Erzbahntrasse gehen. Kohlentreiber und Pferdeführer Peter Rasch und die Budenbesitzerin Magdalena Matuschek sind auch mit dabei – natürlich mit spannenden Insidergeschichten im Gepäck.

FAZIT: MIT HERRN KAMINSKI AUF ENTDECKERTOUREN DURCH DIE INDUSTRIEGESCHICHTE.

Hin & weg: Straßenbahn 107 bis Essen Zollverein.

Beste Zeit: Frühjahr bis Herbst. Infos und GPX-Download unter www.industriekultur.guide

Dauer & Strecke: Rund 1,5 Std. für 7 km oder mit der Bahn abkürzen.

Ausrüstung: Handy für alle Infos, Fotoapparat.

HEROLD

WO DIE KREATIVITÄT BLÜHT

... in der Künstlersiedlung Halfmannshof

#44

Abschalten, Raum schaffen, inspirieren lassen und in die schönen Künste eintauchen – das klappt in der Siedlung Halfmannshof hervorragend. Dieses kreative Ökosystem im Gelsenkirchener Süden ist ein echter Mind-Opener und ein toller Rückzugsort.

#Kreativitätentdecken #Auszeitnehmen #Künstlerladenein

Schon bei der Ankunft strahlt die Künstlersiedlung eine Ruhe aus, die man angesichts der Nähe zum Zentrum nicht vermutet. Schnell vergessen ist der Trubel der lebhaften Straßen Gelsenkirchens. Der grüne Innenbereich des Halfmannshofs bietet viele Möglichkeiten zum Sitzen, Entspannen und Zurückziehen. Überall gibt's Kunstwerke und kleine schnuckelige Ecken zu entdecken.

Durch die Siedlung wandelnd, kann man allerhand bestaunen: bildende Kunst, Musik, Fotografien, Videos, Installationen, Kostüme, Bühnenbilder oder Buchbinderei. Wie eine andere Welt, in die man fernab des Arbeitsstresses eintauchen darf. In dieser Oase kommt man zur Ruhe und tankt auf. Oder man lässt sich von den auskunftsfreudigen Bewohner*innen auf neue Ideen bringen und sammelt fleißig kreativen Input für eigene Projekte.

Acht Kunstschaffende und Kreative leben derzeit in der Hofgemeinschaft und werkeln in ihren Ateliers. Ein Blick hinter die Kulissen der pittoresken Fachwerkfassade und ein Austausch mit den Akteuren ist nur einen Anruf im Künstlerhof entfernt. Sobald jemand vor Ort ist, steht der Besichtigung nichts mehr im Wege – auch spontan. So vielfältig wie die Künstler sind auch ihre Werke. Hier und da stößt man sogar auf noch wenig bekannte Dinge wie etwa die minimalistische Kunst der Sumi-e, das ist die japanische Tuschmalerei.

Ein wahres Fest für die Sinne beschert die Kostümbildnerei, wo bunte Fantasiewelten aus Farben, Stoffen und Strukturen die Besucher in ihren Bann ziehen. Richtig nostalgisch wird es dann in der Buchbinderei. Hier wird das Handwerk des Bucheinbandes in allen Facetten gelebt. Ganz nach alter Tradition kann

Bloß keine Scheu, die ein oder andere Fragen zu stellen. Die anwesenden Künstler berichten gerne über ihr Wirken und ihre Werke.

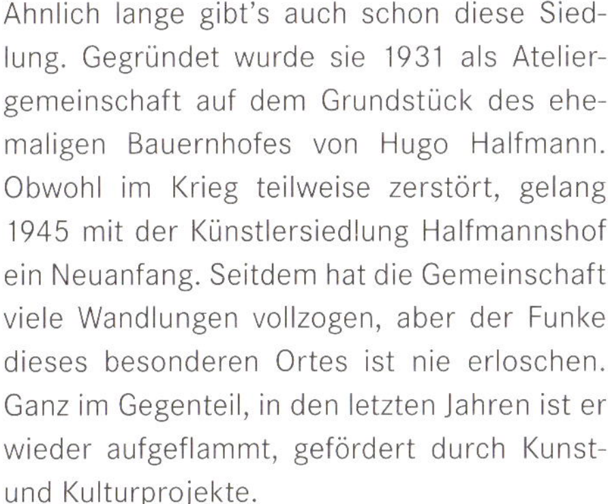

Maßgebundenes auf Wunsch erstellt werden, umgeben von Arbeitsmitteln und Maschinen, die zum Teil aus dem 19. und frühen 20. Jahrhundert stammen und eine längst vergangene Zeit wieder lebendig machen.

Ähnlich lange gibt's auch schon diese Siedlung. Gegründet wurde sie 1931 als Ateliergemeinschaft auf dem Grundstück des ehemaligen Bauernhofes von Hugo Halfmann. Obwohl im Krieg teilweise zerstört, gelang 1945 mit der Künstlersiedlung Halfmannshof ein Neuanfang. Seitdem hat die Gemeinschaft viele Wandlungen vollzogen, aber der Funke dieses besonderen Ortes ist nie erloschen. Ganz im Gegenteil, in den letzten Jahren ist er wieder aufgeflammt, gefördert durch Kunst- und Kulturprojekte.

Die Siedlung gehört inzwischen zum Netzwerk des Kreativ.Quartier Ückendorf, eines von 16 Kreativquartieren in der Metropolregion Ruhr. Ziel ist es, der Kreativität, Kunst und Soziokultur im Zentrum des Ruhrgebiets einen Wirk- und Entwicklungsraum zu geben. Wie etwa im Co.Laboratorium des Halfmannshofs. In Mietateliers und Multifunktionsräumen finden Kultur- und Kreativschaffende Möglichkeiten zum Wohnen und Arbeiten, außerdem viel Platz für Workshops, Retreats oder Veranstaltungen. Eine lebendige, junge Szene mit vielen guten Ideen.

FAZIT: KREATIVE INSPIRATION BRINGT DAS GEHIRN IN SCHWUNG UND NEUE IMPULSE FÜR DEN ALLTAG.

Hin & weg: Mit der Buslinie 389 bis Gelsenkirchen Halfmannsweg. Über den Halfmannsweg direkt auf den Halfmannshof zulaufen. Veranstaltungen und Kontakt-Telefonnummer für Besichtigungen unter www.halfmannshof-gelsenkirchen.de

Beste Zeit: Die Ateliers können das ganze Jahr über besucht werden. Besonders schön ist es, wenn man auch draußen sitzen kann.

Dauer: Individuell – so lange man Lust hat und die Künstler Zeit haben. Für einen entspannten Aufenthalt 1–2 Std. einplanen.

Ausrüstung: Snacks, Getränke und einen Notizblock für spontane Ideen.

ZWISCHEN TAG UND NACHT

… im Park an den Herner Flottmann-Hallen

#45

Grau, dunkel, ungemütlich – manchmal macht es einem die kalte Jahreszeit gar nicht so leicht, nach der Arbeit noch einmal loszuziehen. In diesem Herner Skulpturenpark zeigt aber gerade das Spiel von Sonne und Schatten, von Dunkelheit und Licht ein mystisch-schönes Schauspiel.

#hellzudunkel #KunstimPark #spazieren&verweilen #Sonnenspiel

Wenn die Sonne untergeht, verwandelt sich der Park in ein Eldorado für Fotografen. Die untergehende Sonne und die schattenwerfenden Skulpturen kreieren ganz besondere Motive.

Betritt man den Park durch den südöstlichen Eingang, begrüßt einen als Erstes ein überdimensionaler Rettungsring. Er wurde erschaffen von Andreas Bee und stand ursprünglich in Bad Homburg an einem See. Treffenderweise heißt das Werk ganz simpel »Homburger«. Ein paar Schritte weiter folgt dann auf der linken Seite das Kunstwerk, mit dem hier alles begann. Peter Schwickerath präsentierte es 2004 im Rahmen einer Ausstellung und auch heute noch erhebt sich sein »Stahlschnitt« an den Flottmann-Hallen. Wenn man nur lange genug wartet, verwandelt sich dieser riesige Metallbrocken in einen Rahmen für ein Sonnenuntergangsbild, wie es wohl nur das Ruhrgebiet malen kann.

Insgesamt sind in dem 10 000 Quadratmeter großen Park inzwischen 21 Skulpturen verteilt. Die verschiedenen Kunstschaffenden haben mit Kunststoff, Stein, Holz oder auch Metall gearbeitet. Manchmal kommen einem die Werke vielleicht etwas simpel vor, aber gerade diese Einfachheit geht mit der Natur eine ganz spezielle Symbiose ein. Im hinteren Teil des Geländes steht beispielsweise die Skulptur »Kontur« von Ulrich Möckel. Ein Blick hindurch wandelt die grüne Umgebung in eine völlig neue Form. Wer sich hineinsetzt, kann hier auch durchaus einen ganzen Abend verbringen.

Leider sind in dem Park inzwischen einige Spuren von Vandalismus sichtbar. Die Skulptur »Hochstand« von Gerda Schlembach beispielsweise wurde vor ein paar Jahren von Unbekannten aus der Verankerung gerissen und demoliert. Restauriert werden konnte sie danach nicht mehr, die Fragmente haben hier heute aber immer noch ihren Platz als Zeichen sinnloser Gewalt.

Wenn's dann so langsam richtig dunkel wird, bleibt zum Abschluss das leuchtende Highlight: Links neben den Hallen befindet sich das ehemalige Eingangstor der Flottmann-Werke. Und es ist nicht nur irgendein Tor. 7,5 Meter hoch und 9,5 Meter breit fällt direkt der auf der Spitze thronende, goldene Frauenkopf mit Strahlenkranz ins Auge.

Daneben und darunter gibt's noch einiges anderes für den aufmerksamen Betrachter zu entdecken: sitzende Hunde als Symbol der Treue, buckelnde Katzen als Zeichen der Wachsamkeit, Eulen als Sinnbild für den Ernst des Lebens und nicht zuletzt – wie sollte es im Ruhrgebiet anders sein – sich gegenüberstehende Drachen und Schlangen als Zeichen für den Kampf von physischer Kraft und Intelligenz gegen das glühende Schmiedeeisen. Hmm, wer mag ihn wohl gewonnen haben?

FAZIT: VORHANG AUF FÜR EIN SCHAUSPIEL ZWISCHEN KUNST UND NATUR.

Hin & weg: Buslinie 312 bis Herne Flottmannhallen.

Beste Zeit: Am besten ist ein Wintertag, an dem sich blauer Himmel und graue Wolken abwechseln.

Dauer: 30 Min. oder länger.

Ausrüstung: Fotoapparat.

ABENTEUER IN SICHT

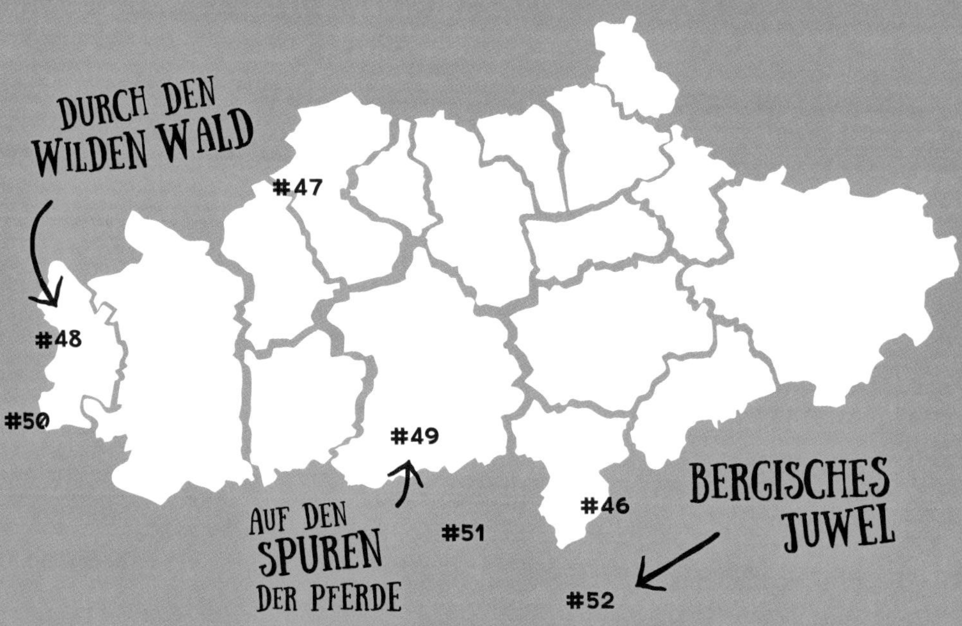

Mikroabenteuer für alle Tage

Das Ruhrgebiet ist groß, aber eine Erkundungstour über die Grenzen hinaus lohnt sich. Es warten pittoreske Städtchen, historische Pfade und urwüchsige Naturplätze.

Zeche
Alte
Schacht I/II
Haase

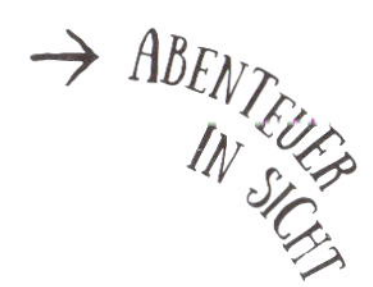

GLÜCK AUF – UND AB

#46

Wo mag im Ruhrgebiet wohl die Wiege des Kohlebergbaus liegen? Dortmund, Essen, Gelsenkirchen? In keinem dieser Orte! Die Keimzellen sind in Sprockhövel zu suchen – und zwar auf ganz besonderen Wanderwegen.

#Kohletour #aufmGrubenrad #einmalBergmannsein #WandernmitAussicht

In den Bergen und Wäldern südlich der Ruhr, wo die Kohleflöze einst bis an die Oberfläche reichten, lassen sich auch heute noch Bergbauspuren finden. Wer ein wenig Orientierungshilfe braucht, folgt den Rundwanderwegen Spur der Kohle. Das sind sieben Routen rund um Sorockhövel, die einen auf eine Reise in die Vergangenheit mitnehmen. Für eine Feierabendrunde bietet sich der 6,8 Kilometer lange Alte-Haase-Weg (Nord) an.

Der Startpunkt befindet sich mitten in Niedersprockhövel, neben der imposanten Zwiebelturmkirche. Einen Bummel durch den hübschen Ortsteil, durch den sich eine Hauptstraße mit kleinen Geschäften, Cafés und Restaurants schlängelt, hebt man sich für das Ende der Wanderung auf. Erst einmal geht's aber in den Fritz-Lehmhaus-Weg, danach dem Sprockhöveler Bach bis zum Park am Malakowturm folgen. Dort angekommen, steht auf der anderen Straßenseite unübersehbar das Wahrzeichen von Sprockhövel, der Malakowturm der Zeche Alte Haase. Sie zählt zu den ältesten Steinkohlezechen im Ruhrgebiet und hat etwas von einer Burg. Daher auch der Name, benannt nach der russischen Festung Fort Malakow. Die Form des Turms sollte man sich auf jeden Fall merken, denn er wird auf der gesamten Tour immer wieder als Wegweiser erscheinen. Wer sich nicht komplett darauf verlassen mag, hat sicherheitshalber lieber ein Handy mit dem GPX-Track zur Hand.

Nun führt der Weg hinab in den Park. Hier warten jede Menge Exponate, die von der Sprockhöveler Bergbaugeschichte erzählen. Ruhig mal auf das Grubenfahrrad setzen oder die Brikettpresse anfassen. Industriegeschichte hautnah! Was die Bergleute körperlich leiste-

Schon mal auf einem Grubenrad gesessen? Im Park am Malakowturm ist ausprobieren und anfassen ausdrücklich erwünscht.

ten, kann sich unsereins heute gar nicht mehr vorstellen. Der Park lässt es aber zumindest ein wenig erahnen. Als Nächstes orientiert man sich wieder Richtung Zeche und biegt dieses Mal in die Straße Alte Haase ab. Vorbei an einem kleinen Rastplatz kommt schon bald die alte Bahntrasse Wuppertal-Hattingen ins Blickfeld. Einst diente sie zur Versorgung der gesamten Region, heute ist sie eine beliebte Strecke für Radfahrer.

Direkt vor einem erhebt sich die prächtige, aus Sandstein erbaute Riepelsiepenbrücke, auf der rechten Seite liegt das Flöz Schieferbank, welches wortwörtlich tiefe Einblicke in Kohle- und Gesteinsschichten gibt.

Nach der Brücke aber auch einfach mal ab ins Dickicht und auf die Suche gehen. Wonach? Im gesamten Wald verteilt, befinden sich sogenannte Pingen. Was das ist? Trichterförmige Senkungen, die durch das Graben nach Kohle oder den Einsturz alter Tiefbaugruben entstanden. Manche sind beschildert, bei anderen potenziellen Kandidaten wiederum fragt man sich, ob hier nicht einfach nur ein Baum entwurzelt wurde.

Wenn der Wald dann irgendwann endet, wartet noch eine riesige Wiese mit weitem Blick übers Land. Und da sieht man auch schon wieder Niedersprockhövel. Also flott den Feldweg hinablaufen und entweder die kleinen Gassen mit den vielen historischen Schiefer- und Fachwerkhäusern erkunden oder zurück zum Ausgangspunkt – einfach immer der Kirchturmspitze folgen.

FAZIT: WANDERUNGEN, DIE SELBST POTTKENNERN NOCH ÜBERRASCHENDE EINBLICKE IN DEN BERGBAU BIETEN.

Hin & weg: Schnellbus SB37 und diverse Buslinien bis Niedersprockhövel Kirche.

Beste Zeit: Zu jeder Jahreszeit schön, bei schlechtem Wetter können die Wege aber recht matschig sein. Infos und GPX-Download aller Wege unter www.geopark.ruhr/standorte/geopfade/bergbauwanderwege-sprockhoevel

Dauer & Strecke: Alter-Haase-Weg (6,8 km) plus Zwischenstopps in 2–3 Std., mit den anderen Wanderungen beliebig kombinierbar.

Ausrüstung: Festes Schuhwerk, Fernglas.

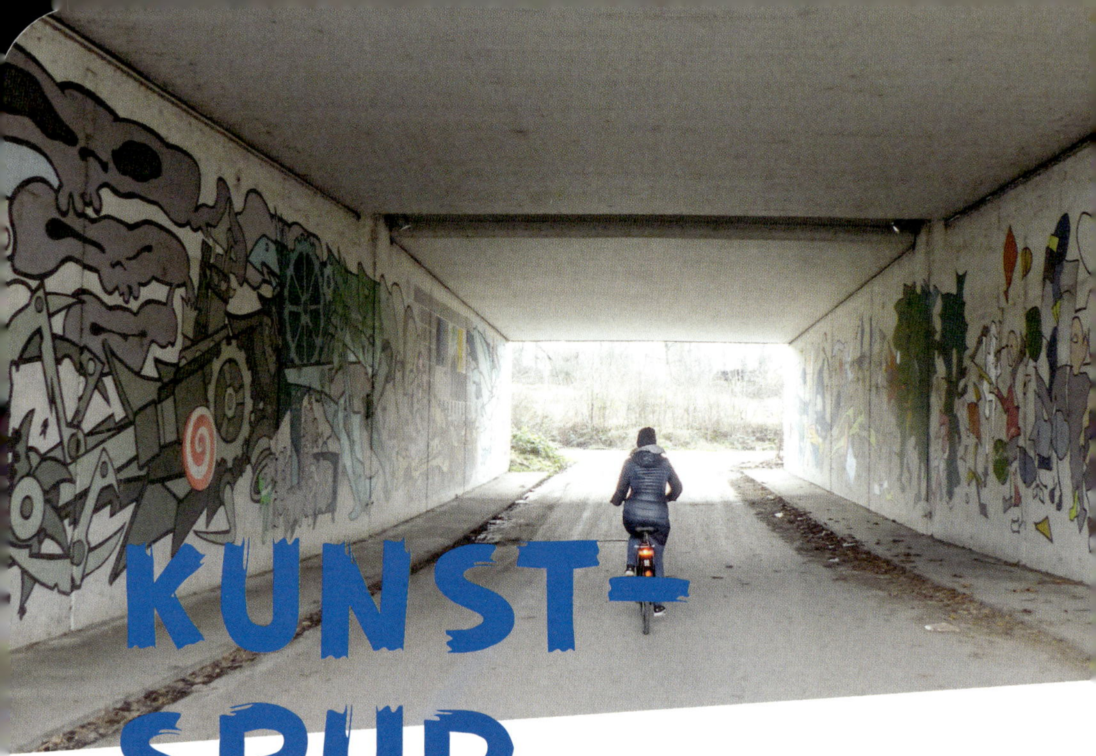

KUNST-SPUR

… entlang der Emscher

#47

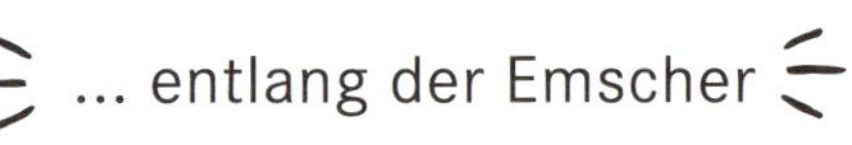

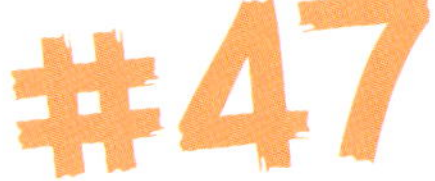

Der Emscherkunstweg liegt zwischen der Flussquelle in Holzwickede und der Mündung in den Rhein in Dinslaken. Am besten erobert man ihn mit dem Rad, nach und nach in Teilabschnitten. Eine besonders interessante Strecke beginnt in Bottrop.

#RadelnmitAusblick #querdurchsRuhrgebiet #Kunstfüralle

Einst schlängelte sich die Emscher idyllisch durch das Ruhrgebiet. Die Luft war rein und das Wasser so klar, dass sogar Hechte und Aale in ihr schwammen. Doch mit der Industrialisierung ging's ökologisch bergab. Zunächst wurden die Abwässer von Bergbau und Industrie, später dann auch die aus den privaten Haushalten in den Fluss geleitet. Die Folgen für das Gewässer und seine tierischen Bewohner: verheerend. Zum Glück fand aber ein Umdenken statt, und nach jahrelangen Renaturierungsmaßnahmen konnte Ende 2021 stolz verkündet werden: Die ehemalige Kloake des Ruhrgebiets ist wieder abwasserfrei!

Seit 2010 wird der Umbau von Kunstprojekten begleitet, die sich alle mit dem Strukturwandel der Region auseinandersetzen. 2019

Radelnd von Kunstwerk zu Kunstwerk: Auf dem Emscherkunstweg kann man Bewegung und Kultur perfekt miteinander verbinden und zwischendurch immer wieder den Ausblick genießen.

entstand daraus der Radweg Emscherkunstweg. Wer kein Fahrrad besitzt, kann sich bei Revierrad am Bottroper Hauptbahnhof eins ausleihen. Mit einem kurzen Schlenker vorbei an der Burg Vondern erreicht man in 15 Minuten den Kunstweg.

Nach der Brückenüberquerung mit Blick auf Emscher und Rhein-Herne-Kanal, zwischen denen der größte Teil der Tour verläuft, erscheint auch schon das erste Kunstobjekt: »Der Zauberlehrling«. Dieser Strommast tanzt augenscheinlich ein wenig aus der Reihe. Man könnte auch sagen, er wurde wie von Zauberhand vom Künsterkollektiv Inges Idee zum Leben erweckt. Das Werk soll anregen, technische Errungenschaften kritisch zu hinterfragen. Wie heißt es bei Goethes Zauberlehrling so treffend: »Die ich rief, die Geister, werd' ich nun nicht los«.

Es geht weiter, und am Horizont erscheint der Gasometer. Das nächste Kunstobjekt liegt aber noch ein paar Brücken entfernt – und ist selbst eine: die »Slinky Springs to Fame«-Brücke. Tobias Rehberger entwarf die schwungvolle Idee, welche über den Rhein-Herne-Kanal und bis zur Emscherinsel führt. Um die Konstruktion winden sich Spiralen, so wie man es von dem gleichnamigen 1990er-Jahre-Spielzeug Slinky kennt, das lustig die Treppen hinunterhüpfte. Besonders schön zeigt sich die Brücke bei Dunkelheit, denn da leuchtet sie in ihren bunten Farben und verwandelt das Wasser durch die Reflexionen in ein Lichtermeer.

Für den letzten Streckenabschnitt heißt es: Oberhausen oder Duisburg?! Entweder folgt man der Emscher Richtung Holten und schaut sich an, wie die Künstlerin und Architektin

Apolonija Šušteršič mit »Play_Land« eine außergewöhnliche Freizeitanlage für Jugendliche erschaffen hat. Oder es heißt bye-bye Wasserlauf und die Fahrt geht Richtung Landschaftspark Duisburg-Nord. Dort stehen mit »Neustadt« 23 Skulpturen der Künstler Julius von Bismarck und Marta Dyachenko. Es sind Nachbildungen ehemaliger Gebäude, die seit der Jahrtausendwende abgerissen wurden. So entdeckt man zum Beispiel ein Essener Mietshaus der Gründerzeit, die einstige Marler Modellsiedlung, aber auch Kirchen, Freizeitbäder oder Bunker.

Wer jetzt noch genug Kondition hat, kann den gleichen Weg wieder zurückfahren – oder man verweilt noch ein wenig inmitten der prächtigen Industriekulisse des Landschaftsparks und nimmt später die öffentlichen Verkehrsmittel zurück zum Bottroper Hauptbahnhof.

FAZIT: EINE ENTSPANNTE FAHRRADTOUR MIT EINER PERFEKTEN MISCHUNG AUS BEWEGUNG UND KULTUR.

Hin & weg: S9 oder diverse Buslinien bis Bottrop Hauptbahnhof. Fahrrad ausleihen bei Revierrad (www.revierrad.de) am Hauptbahnhof. Für den Rückweg mit öffentlichen Verkehrsmitteln am besten bis Oberhausen Hauptbahnhof fahren und dann mit dem RE44 bis Bottrop Hauptbahnhof.

Beste Zeit: Während der Fahrradsaison von März bis Oktober. Infos und GPX-Download der gesamten Strecke unter www.emscherkunstweg.de

Dauer & Strecke: Reine Fahrzeit Bottrop Hauptbahnhof bis Landschaftspark Duisburg-Nord ca. 45 Min. für rund 12 km.

Ausrüstung: Fotoapparat, Karten- und Infomaterial (gibt's auch bei Revierrad).

GRENZ-GÄNGER

... zwischen Neukirchen-Vluyn und Rheurdt

Gehört dieses »Flüüün« eigentlich noch zum Ruhrgebiet? Manch Einwohner ist vom Gegenteil überzeugt und sieht sich eher als Niederrheiner. Und so wird diese Eskapade zu einer Art Grenzerfahrung, allerdings zu einer besonders schönen.

#UrRhein #AuszeitimWald #lachendeZiegen

Ruhig mal etwas genauer durchs Schilf schauen, dann findet man manchmal sogar ein Schloss.

→ Abenteuer in Sicht

Neukirchen-Vluyn hat man für einen kleinen Feierabendausflug nicht direkt auf dem Schirm. Tatsächlich ist das Ziel dieser Tour aber vom Moerser Bahnhof aus in rund 30 Minuten zu erreichen. Das Naturschutzgebiet Littard liegt zwischen Rheurdt (Niederrhein) und Neukirchen-Vluyn (Ruhrgebiet), und von hier aus macht man sich auf, die abwechslungsreiche Umgebung zu erkunden.

Von der Haltestelle am Littardweg geht's zunächst Richtung Schloss Bloemersheim. Dazu immer die Straße An Hacksteinskuhlen entlang und vorbei an einem idyllischen Gewässer. Dieses ist aber nicht nur irgendeine Wasserkuhle, sondern eine verlandete Altstromrinne des Ur-Rheins. Entstehungsgeschichte in Kurzfassung? Bitte schön: Neuer Flussverlauf – Rinne verlandet – Pflanzen

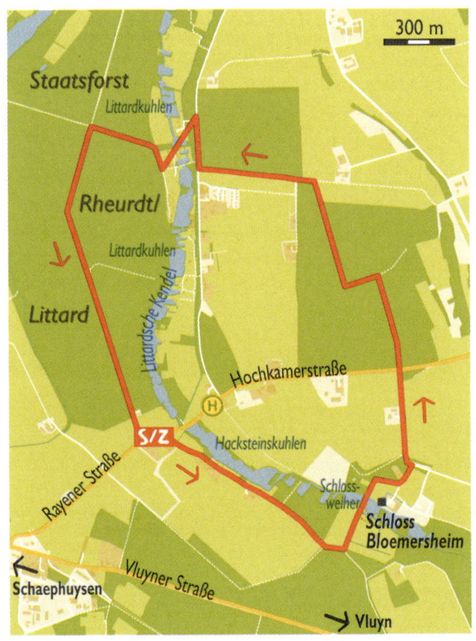

wachsen – Moor entsteht – Torf bildet sich – Menschen bauen Torf ab – Torfmulden bleiben zurück und füllen sich mit Grundwasser – voilà, der sogenannte Littardsche Kendel ist entstanden.

Ein paar Meter weiter kommt dann durch die Äste eines der schönsten Wasserschlösser der Gegend ins Sichtfeld. Eingerahmt von der Kendel-Landschaft, thront das Schloss Bloemersheim eindrucksvoll inmitten hoher Bäume. Zu besichtigen ist es leider nicht, aber auch vom Wanderweg aus genießt man wunderbare Ausblicke auf das mehrflügelige Gebäude.

Das frühere Jagdschloss wurde es im Lauf der Jahrhunderte mehrmals teilweise zerstört, bis es schließlich zu verfallen drohte. Anfang des

Natur pur! Menschen tirfft man hier nur vereinzelt. Dafür aber jede Menge Federvieh.

19. Jahrhunderts aber kaufte der reiche Krefelder Seidenhändler von der Leyen das gesamte Anwesen, seine Nachfahren bewohnen das Schloss bis heute. Derzeit hält Friedrich Freiherr von der Leyen zu Bloemersheim das Schätzchen in Schuss.

Von hier geht man links in den Bloemersheimer Weg, danach über die Hochkamerstraße und steht plötzlich in einem dichten Wald. Jetzt gilt es, sich seinen Weg durch das Gehölz, nein, nicht zu schlagen, aber zu suchen. Viele Wege führen zum Littardweg.

Dort angekommen, ist ein Besuch auf dem Hof Zur lachenden Ziege sehr zu empfehlen, allerdings hat der dazugehörige Laden nur an bestimmten Tage geöffnet. Dann aber bekommt man, beobachtet von den neugierigen Weidebewohnern, den leckersten, herrlich frischen Ziegenkäse fürs Abendbrot.

Zurück auf dem Weg erstreckt sich im Westen der Staatsforst Rheurdt/Littard. Die Atmosphäre in dem Naturschutzgebiet ist ab und an fast schon mystisch. Die Bäume stehen hier unter ganz besonderem Schutz. In sogenannten Naturwaldzellen dürfen sie sich nämlich ganz unberührt von Menschenhand entwickeln. Totholz bleibt einfach liegen und bietet neuen Lebensraum. Ein richtiges kleines Paradies für Pflanzen und Tiere. Und eine wahre Ruheoase für den Mensch.

FAZIT: NÄHER UND SCHÖNER ALS GEDACHT, DIESES NEUKIRCHEN-VLUYN.

Hin & weg: Mit dem Bus 7 bis Neukirchen-Vluyn Littardweg.

Beste Zeit: Das ganze Jahr über. Wer die Einsamkeit sucht, kommt im Winter oder wenn die ersten Knospen sprießen. Infos und Öffnungszeiten zum Ziegenhof unter www.zur-lachenden-ziege.de

Dauer & Strecke: Je nachdem, welche Wege man wählt, zwischen 1 und 2 Std. für bis zu 6 km.

Ausrüstung: Festes Schuhwerk, Fernglas, ein wenig Geld für den Ziegenkäse.

Übrigens: GPX-Download auf Seite 229.

AUF ALTEN WEGEN

… entlang des Leinpfads in Essen-Werden

Geht man heute den Leinpfad vom Essener Stadtteil Werden aus entlang, sieht man bald auf der rechten Seite weitläufige Koppeln. Dort grasen Pferde friedlich und ahnen vermutlich nicht, was für eine Kraftarbeit ihre Vorfahren hier früher leisten mussten.

#historischerLeinpfad #demFlussfolgen #Ruhrliebe #Pferdestärke

Genutzt wird die Schleuse heute nicht mehr, ist als restauriertes Denkmal aber ein pittoresker Ort.

Im 18. und 19. Jahrhundert diente die Ruhr als Transportweg für die geförderte Kohle. Um die Schiffe wieder stromaufwärts zu ziehen, verband man die Mastspitzen der Plattbodenschiffe, auch Ruhraaken genannt, mit den Tieren, und dann ging es mit jeder Menge Pferdestärke am Fluss entlang.

Im Ruhrgebiet führte der dafür genutzte Leinpfad von Duisburg bis Witten. Wenn man möchte, kann man ihn auch heute noch nach und nach erkunden, denn er ist einer der wenigen noch fast vollständig erhaltenen Pfade in Deutschland. Auf dem Teilabschnitt von Werden nach Kettwig wandelt man zwischen Historie und Moderne – da, wo früher Pflastersteine den Weg zeigten, findet sich heute eine Asphaltdecke. Aber so kann man seinen Feierabendausflug ganz wunderbar zu Fuß beschreiten oder auch mit dem Fahrrad bestreiten.

Wer am Bahnhof Werden aussteigt, orientiert sich erst einmal Richtung Ruhr und Löwental. Wenn das Wasser in Blickweite kommt, durchquert man den kleinen Park und stößt schon bald auf das erste Schmuckstück: die

Der Feierabendspaziergang wird zu einer kleinen Zeitreise in die Vergangenheit.

Papiermühlenschleuse. Der Vorgänger dieses Bauwerks wurde auf dem gegenüberliegenden Ufer 1777/1778 errichtet, im Jahr 1834 aber durch diese Schleuse ersetzt. Anfang der 1950er-Jahre, als der Kettwiger Stausee angelegt wurde, hatte dann auch sie ihren Dienst erledigt. Schön anzusehen bleibt sie aber, genauso wie das malerische Schleusenwärterhäuschen.

Weiter geht's, immer dem Leinpfad folgend, durchs satte Grün und vorbei an Pferdekoppeln, Wildsträuchern und hohen Bäumen. Der Blick geht aber immer wieder Richtung Ruhr, Bötchen liegen traumhaft am Ufer und Kormorane strecken ihre imposanten Flügel der Sonne entgegen. Man kann jetzt bis Kettwig durchspazieren, zwischendurch gibt's aber auch immer Abkürzungen, um wieder mit dem Bus zurück nach Werden zu kommen.

Kurz vor Kettwig wartet noch ein kleines Highlight, nämlich die Burg Luttelnau. Sie ist die einzige noch teilweise erhaltene Turmhügelburg an der Ruhr. Diesen Burgtyp nennt man

Früher ackerten auf dem Leinpfad die Pferde, heute darf der Mensch hier entspannt entlangspazieren.

auch Motte, aus dem Französischen übersetzt heißt das soviel wie Klumpen oder Erdsode, weil sie eben auf einem Erdhügel erbaut wurde. Bis heute erhalten geblieben sind die Ruinen eines Wohnturmes, der sogenannte Kattenturm. Der Name wird aber erst seit dem 19. Jahrhundert verwendet, als sagenhafte Erzählungen um Katzen und Chatten (germanischer Volksstamm) aufkamen, die angeblich hier einen Schatz bewachen sollen.

Hört man da ein Miauen? Dann schnell weiter auf den letzten Abschnitt des Weges bis man zur Kettwiger Schleuse gelangt. Wer Lust hat, kann noch ein wenig durch die malerische Altstadt mit ihren Fachwerk- und Schieferhäusern bummeln. Wann immer man möchte, geht's dann mit dem Bus zurück nach Werden. Manches Pferd hätte sich damals für den Rückweg wohl auch so einen Service gewünscht.

FAZIT: AUF GESCHICHTSTRÄCHTIGEN PFADEN EINMAL QUER DURCHS RUHRGEBIET.

Hin & weg: S6, Buslinien 169, 180, 190 bis Essen Werden S-Bahnhof.

Beste Zeit: Frühling bis Herbst.

Dauer & Strecke: Von Werden Bahnhof bis Kettwig Altstadt mit kleinen Zwischenstopps ca. 1,5 Std. für 6,5 km. Weitere Abschnitte entlang der Kaiser-Route und des Ruhrtalradwegs. Der Leinpfad unterhalb des Isenbergs in Hattingen gehört zur Route der Industriekultur.

Ausrüstung: Fernglas, ein wenig Geld, wenn man in Kettwig einkehren möchte.

Übrigens: GPX-Download auf Seite 229.

Flachland-Touristen

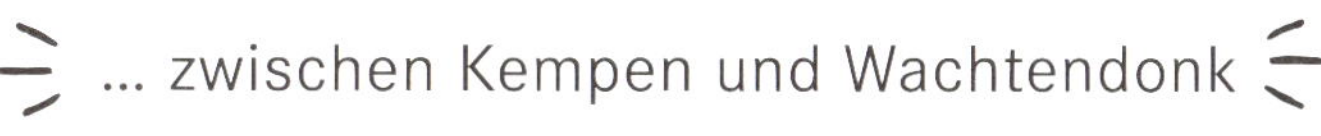

»Der Niederrheiner weiß nichts, kann aber alles erklären«, meinte einst Hans-Dieter Hüsch. Dieses Vorurteil kommt dem Ruhri ja irgendwie bekannt vor, und deshalb besucht er nur allzu gerne seine Nachbarn. Und wenn er schon mal da ist, nimmt er auch gleich die Vorzüge der schönen Gegend mit. Is klar.

#kurzmalrüber #Niederrheintrip #Stadtbummel #weiterBlick

Erster Anlaufpunkt ist das kleine Städtchen Kempen. Nur etwa 40 Minuten von Duisburg entfernt liegt der 35 000-Seelen-Ort. Beim Bummel durch die Gassen gibt's einiges zu sehen: links und rechts pittoreske Fachwerkhäuser, eine belebte Einkaufsstraße, nette Cafés und zwischendurch immer wieder historische Schmankerl.

In der Mitte der Stadt befindet sich die Propsteikirche St. Mariae Geburt mit einer heute noch prachtvollen Innenausstattung. Der Grundstein wurde 1200 gelegt, Kempen ist schließlich in Ringen um die Kirche gewachsen. Wer sich von hier aus seinen Weg durch die schmalen Straßen sucht, stößt bald auf die kurkölnische Landesburg und auch auf das ehemalige Franziskanerkloster mit der Paterskirche, in dem sich heute das Städtische Kramer-Museum und das Museum für Niederrheinische Sakralkunst befinden. Wenn man sich der Stadtgrenze nähert, sieht man dort die Reste der alten Stadtmauer mit Turmmühle und Kuhtor thronen. Für alle, die genauere Informationen über die verschiedenen Baudenkmäler haben möchten ist die beschilderte Tour Historischer Stadtrundgang eine prima Gelegenheit, die Stadt und ihre Historie ein wenig besser kennenzulernen.

Aber in Kempen schlagen nicht nur Kulturherzen höher, auch ein Einkaufsbummel ist hier eine gute Idee. In den kleinen, oft liebevoll dekorierten Boutiquen macht das Stöbern richtig Spaß. Nachdem man sich glücklich geshoppt hat, genießt man einen Latte Macchiato in einem der hübschen Straßencafés. Ein Besuch im Café Peerbooms (www.oomen.de/peerbooms) mit Blick auf den Buttermarkt ist Pflicht! Unbedingt die selbstgemachten

Da man schon mal in der Gegend ist nach der Städtetour in Kempen wartet ein paar Fahrminuten weiter bei Wachtendonk eine eindrucksvolle Kulturlandschaft.

Pralinen probieren. Jeder, der es noch schokoladiger mag, schaut bei Stefan's Schokoladenmanufaktur (www.stefansschokoladenmanufaktur.de) vorbei – oder belegt direkt einen Pralinenkurs. Das wohl leckerste Eis in der Umgebung gibt's im Sylter Eiscafé und eine Prise Inselflair direkt mit dazu. Zum Abschluss des Tages geht's in die durchaus lebendige Kneipenszene.

Wem das jetzt aber doch zu viel wird, fährt einfach ein paar Minuten weiter Richtung Nordwesten und stößt auf einen idyllischen Ort, an dem die Flüsse Niers und Nette zusammenfließen: Wachtendonk. Ein guter Startpunkt ist die im Schatten der großen Bäume liegende Burgruine. Von hier aus beginnen die Erlebnispfade Kulturlandschaft Nord und Süd, welche man teilweise oder ganz erkunden kann. Besonders der Süd-Weg mit seinen rund drei Kilometern Länge eignet sich perfekt für einen Feierabendspaziergang.

Die abwechslungsreiche Kulturlandschaft ist geprägt von Kopfweiden, Eichen und Pappeln, dazwischen darf das Auge aber weit über die Felder und entlang des Wasserlaufs blicken. Nördlich von Wachtendonk wartet noch eine besondere Attraktion: die Selbstbedienungsfähre Aiwa. Mithilfe eines Kurbelrads zieht man sich über die 15 Meter breite Niers. Die Aiwa, kurz für Anlage im Wasser, kann sechs Personen plus Fahrräder und Gepäck transportieren. Ein Spaß, nicht nur für Kinder – und eine gute Gelegenheit, den Kuchen vom Café Peerbooms wieder abzutrainieren.

FAZIT: KULTUR UND NATUR – DER NIEDERRHEIN VON SEINER SCHÖNSTEN SEITE.

Hin & weg: Aus allen Richtungen bis Bahnhof Kempen, nach Wachtendonk mit dem Bus 063 bis Wachtendonk Friedensplatz. Erlebnispfade Wachtendonk: www.npsn.de/index/lang/de/artikel/1829

Beste Zeit: Frühling bis Herbst.

Dauer: Stadtrundgang Kempen 1 Std. oder länger, Fahrt Kempen-Wachtendonk ca. 15 Min., rechtzeitig über die letzte Rückfahrt aus Wachtendonk informieren.

Ausrüstung: Fotoapparat, volles Portemonnaie für den Einkaufsbummel, Muskelkraft für die Fähre.

WOLKEN-STREICHLER

… im Windrather Tal

Vorbei an Wäldern, Feldern und Biohöfen kann man entlang der Hügel und Täler rund um Velbert-Langenberg den Blick richtig weit schweifen lassen. Besonders schön ist es hier, wenn die Bäume im Herbst in warmen Braun-, Orange- und Gelbtönen leuchten.

#bunteBlätter #Fernblicke #wandern&genießen #BiohöfeimTal

Dem Himmel so nah – das können im Windrather Tal nicht nur die Vögel von sich behaupten.

Das ist noch Ruhrgebiet?! Na gut, nicht mehr ganz. Aber das Windrather Tal liegt direkt vor den Toren des Potts und lässt für einen Moment herrliche Urlaubsgefühle aufkommen. Wer sich vom Wanderparkplatz Alaunloch aus orientiert und dann links der Alaunstraße folgt, stößt schon bald auf die Beschilderung, die in das erste kleine Wäldchen führt. Stehenbleiben und schnuppern: Der Wald riecht im Herbst nach nassem Laub, Pilzen, Holz, Moos – Balsam für die Seele nach einem stressigen Tag. Auch das Licht ist zu dieser Jahreszeit besonders schön. Da, wo die goldfarbenen Sonnenstrahlen ihren Weg durch die Äste finden, verwandeln sie den Wald in einen nahezu magischen Ort.

Unter den Schuhen raschelt das Laub und knacken kleine Äste. Auf der linken Seite erscheinen alsbald große Teiche und ein Forellenhof. Mit ein bisschen Glück gibt's frisch geräucherten Fisch. Als Nächstes geht's einen Hügel hinauf bis zur pittoresken Windrather Kapelle. Es wird vermutet, dass sie bereits Ende des achten oder Anfang des neunten Jahrhunderts erbaut wurde. Ein richtig altes Schätzchen, das zwar im Lauf der Zeit immer wieder renoviert wurde, aber seinen

Dieser Weitblick! Es ist kaum zu glauben, dass man sich an der Grenze zum Ruhrgebiet befindet.

Charme nie verloren hat. Und wo findet man noch eine Kirche mitten auf einer Obstwiese?!

Nun heißt es, die Straße zu überqueren, um abermals in einen Wald zu gelangen. Da man

hier meist alleine ist, darf das innere Kind endlich raus und mit dem Herbstlaub spielen. Zum Beispiel ein trockenes Blatt in die Hand nehmen, die Struktur fühlen und dann ganz vorsichtig zerbröseln. Ein paar Blätter zwischen den Fingern halten und sanft pusten bis sie wegfliegen. Oder ins Volle greifen: Zwei Handvoll Laub nach oben schmeißen und durchrennen.

Vorbei an einer großen Weide kommt dann schon bald der Hof zur Hellen in den Blick. Er ist einer von sechs Biohöfen im Tal, die ihre Waren mit Lieferdienst, in Form einer solidarischen Landwirtschaft oder in Hofläden anbieten. Weiter oben an der Windrather Straße liegt der Schepershof. Die anderen Höfe der Talgemeinschaft sind der Örkhof, Hof Judt, Hof Vorberg und Hof im Sondern. Wer einmal ein Ei von wirklich glücklichen Hühnern oder

einen Rohmilchkäse von Weidekühen gegessen hat, möchte nichts anderes mehr auf dem Teller haben.

Langsam steht der Rückweg an. Vom Schepershof aus an der Hauptstraße die nächste Möglichkeit rechts – dort zeigt sich das Windrather Tal noch einmal in seinem schönsten Gewand. Wolkenstreicheln ist angesagt! Oft hängen diese nämlich so tief, dass es aus der richtigen Perspektive so aussieht, als ob die weißen Wattebäuschchen zum Greifen nah sind. Toller Spot für eine kleine Fotosession.

Dann geht's aber wieder zurück Richtung Parkplatz, dafür am Ende der Strecke rechts halten, und schon bald erscheint wieder die Spitze der Kapelle am Horizont. Von dort ist der Weg ja bekannt. Und der ist so schön, den spaziert man auch gerne ein zweites Mal.

FAZIT: LÄNDLICHES IDYLL NUR EINEN KATZENSPRUNG VOM RUHRGEBIET ENTFERNT.

Hin & weg: Mit der S9 oder den Buslinien 627, 647, 649 bis zur Haltestelle Velbert Neviges. Von dort aus ca. 30 Min. Fußweg. Besser: mit dem Auto bis zum Wanderparkplatz Alaunloch. Infos zu den Hofläden unter www.biohoefe-windrathertal.de.
Der Weg ist Teil des Neanderlandsteigs: www.neanderlandsteig.de

Beste Zeit: Im Herbst ist es eine farbenfrohe Wanderung, im Frühling und Sommer ein schöner Kurzurlaub. Bei Regen und im Winter sind manche Wege etwas schwierig zu gehen.

Dauer & Strecke: Reine Gehzeit je nach Kondition 1–1,5 Std. für 4 km.

Ausrüstung: Fernglas, Fotoapparat, Geld für die Hofläden.

Übrigens: GPX-Download auf Seite 229.

DIE GRÜNE SEITE DES WINTERS

... in Wuppertal-Beyenburg

Bis der Ruhri in den grauen Monaten seine heimischen Gefilde verlässt, muss schon viel passieren. Wenn es aber eine hübsche Altstadt, einen romantischen Stausee und abwechslungsreiche Wanderwege zu entdecken gilt, lässt er sich durchaus auch auf einen etwas längeren Feierabendausflug ein.

#Wintersonne #Fachwerkdorf #wieindenBergen #fernabdesAlltags

Gerade während dieser undankbaren Januartage, an denen man sich nichts mehr wünscht als Frühling, heißt es: nach getaner Arbeit raus in die Natur und jeden Sonnenstrahl nutzen. Wer die etwas längere Anfahrt nach Wuppertal in Kauf nimmt, bekommt im pittoresken Stadtteil Beyenburg für sein erkaltetes Großstadtherz die Rundum-Wärmepackung.

Startpunkt ist die Brücke an der Straße Porta Westfalica mit einem weiten Blick über den Stausee bis zur Kirche St. Maria Magdalena. Diese wurde 1497 zusammen mit dem Kloster Steinhaus auf dem Beyenberg errichtet und gilt als eine der beeindruckendsten spätgotischen Architekturen der Region. Von den Einheimischen wird sie liebevoll »Beyenburger Dom« genannt; ihre ganze Pracht kann man sich am Ende der Tour auch einmal aus der Nähe anschauen. Zunächst geht's aber den Weg hinunter zum Stausee. Hier lässt es sich wunderbar flanieren oder am Ufer sitzend

Wenn der Kopf wieder nicht abschalten kann, sind murmelnde Bäche wahre Wundermittel.

aufs Wasser schauen. Blau schimmert es im Wintersonnenlicht – wirklich schön, allerdings an manchen Tagen auch ganz schön voll. Deshalb lieber weiterlaufen bis zur Brücke, die Hauptstraße überqueren und von dort bergauf das Waldgebiet erklimmen.

Mit jedem Schritt scheint ein wenig mehr Ruhe einzukehren, das Nervensystem fährt herunter und der Kopf wird frei. Welcher Weg einzuschlagen ist, darf jeder selbst entscheiden, je nachdem, wie lange diese Feierabend-Eskapade dauern soll. Vorbei an duftenden Fichtenwäldern, einem plätschernden Bach und kleinen Schluchten ist alles so beruhigend, dass Körper und Geist hier ewig verweilen könnten.

Das nächste Zwischenziel sollte aber das Restaurant Zur Hölzernen Klinke sein. Nicht nur, weil es dort traditionelle deutsche Küche im besten Sinne gibt, sondern auch, weil auf der rechten Seite ein Weg abzweigt, der noch mal die ganze Schönheit dieser Gegend präsentiert. Schon nach ein paar Metern darf das Auge ganz weit blicken: Wiesen, Bäume, Häuser und dahinter dieser typische graublaue Himmel des Winters. Der perfekte Ort, um sich auf einen sonnenbeschienenen Baumstamm zu setzen und es sich mit der mitgebrachten Brotzeit gemütlich zu machen. Fast wie Urlaub in den Bergen.

Ein letzter malerischer Ausblick wartet am Ende des Weges, dann flugs die Treppen

Hektik kennt man hier nicht. Die Ruhe der Bewohner überträgt sich auch auf die Wanderer.

hinabgestiegen und man befindet sich im historischen Ortskern Alt-Beyenburg. Die Gassen mit ihren Fachwerk- und Schieferhäusern laden zu einem kleinen Bummel ein, bis schließlich die prächtige Kirche St. Maria Magdalena mit dem angrenzenden Kloster erscheint. Hier sind nicht nur Kirch- und Klosterhof sehenswert, auch die barocke Innenausstattung ist außergewöhnlich.

Mit vielen Eindrücken im Gepäck geht's dann wieder zurück zum Startpunkt. Noch ein letzter Blick aufs Wasser, in dem sich nun das vom Abendhimmel eingerahmte Fachwerkdorf malerisch spiegelt. Da bleibt einem nur noch zu sagen: Auf ein ein baldiges Wiedersehen, du schönes Fleckchen Erde.

FAZIT: EIN AUSFLUG, DER SICH WIE EIN KURZTRIP IN DIE BERGE ANFÜHLT UND SCHÖNE WEITBLICKE BESCHERT.

Hin & weg: Von Dortmund Hauptbahnhof über Witten, Wetter, Hagen mit dem RE4 bis Wuppertal Oberbarmen, dann mit der Buslinie 616 bis Beyenburg Mitte.

Beste Zeit: Sobald im Winter die ersten Sonnenstrahlen rauskommen. Das restliche Jahr über ist es hier natürlich auch schön. Öffnungszeiten Zur Hölzernen Klinke unter www.h klinke.de

Dauer: Je nachdem, welche Wege man wählt, 2 Std. oder länger. Fahrzeit nach Wuppertal einplanen.

Ausrüstung: Fernglas, Rucksack mit Brotzeit, Decke, damit der Popo nicht kalt wird.

SONST NOCH WICHTIG

Praktisches & Nützliches

Karten mit allen Eskapaden-Standorten, ein Orte-Register, Touren-Downloads und mehr über die Autorinnen und ihre besten Tipps gibt's auf den folgenden Seiten.

Voerde
Alpen
Rhein
Dinslaken
Gladbeck
Buer
Berger See
Heidesee
Issum
Rheinberg
Bottrop
Emscher
Sterkrade
Issumer Fleuth
Moersbach
Lohheidesee
Kleine Emscher
Rhein-Herne-Kanal
Kamp-
Lintfort
Ober-
hausen
Essen
Rheurdt
Neukirchen-
Vluyn
Moers
Hafen-
kanal
Ruhr
Mülheim
an der Ruhr
Duisburg
Großer Parsick
Baldeneysee
Werden
Große Kull
Erfrather
See
Königshüttesee
Kempen
Kettwig
Uerdingen
Krefeld
Lintorf
Heiligen-
haus
Velbert
Tönisvorst
Ratingen
3 km
1
2
3
5
6
7
8
9
11
13
14
17
19
21
25
26
28
29
31
36
40
41
43
47
48
49
50
3
31
2
57
59
516
42
40
52
57
44
524
535

Marl
Oer-Erken-
schwick
Datteln
Recklinghausen
Waltrop
Lünen
Herten
Buer
Berger See
Ewaldsee
Emscher
Rhein-Herne-Kanal
Castrop-
Rauxel
Dortmund-Ems-Kanal
Datteln-Hamm-Kanal
Lippe
Herne
Gelsen-
kirchen
Wattenscheid
Bochum
Hallerey-Teich
Dortmund
Phoenix-See
Witten
Ruhr
Kemnader See
Hattingen
Sprockhövel
Wetter
(Ruhr)
Harkortsee
Hengsteysee
Lenne
Ennepe
Hagen
Neviges
Gevels-
berg
Ennepetal
Schwelm
Wuppertal
Wupper
Beyenburger Stausee
Breckerfeld
Volme
3 km

ESKAPADEN-REGISTER ...

Alle Orte mit Seitenverweisen

GPX-Download aufs Smartphone – so geht's

Voraussetzung:
Eine Outdoor-App muss installiert sein, z. B. KOMPASS, Outdooractive oder Komoot. Zum Einlesen des QR-Codes benötigen ältere Android-Geräte eine QR-Code-App. Bei neueren Android- und iOS-Geräten ist diese Funktion in der Kamera integriert.

Daten downloaden:

1. Den QR-Code einlesen oder die Webadresse im Browser eingeben, um auf die Eskapaden-Website zu gelangen.
2. Die gewünschte Tour zum Download anklicken.
3. Bei IOS-Geräten werden die GPX-Daten direkt mit der vorab installierten App verknüpft. Bei Android-Geräten muss ggf. noch ein Weiterleiten-Button geklickt werden (z. B. oben rechts im Display). Manche Apps zeigen den Tourverlauf starr an, andere haben eine Navigationsfunktion dabei.

Tourenverlauf

GPX-Daten zum kostenlosen Download
www.dumontreise.de/eskapaden/feierabend-ruhrstaedte

short.travel/snq1a

NOCH MEHR FEIERABEND-SPAß …

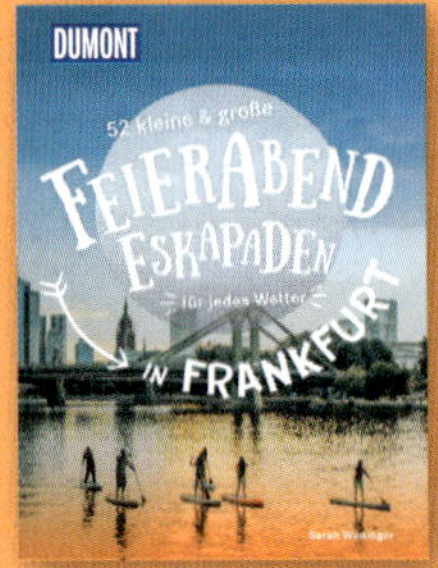

ISBN 978-3-616-11101-8

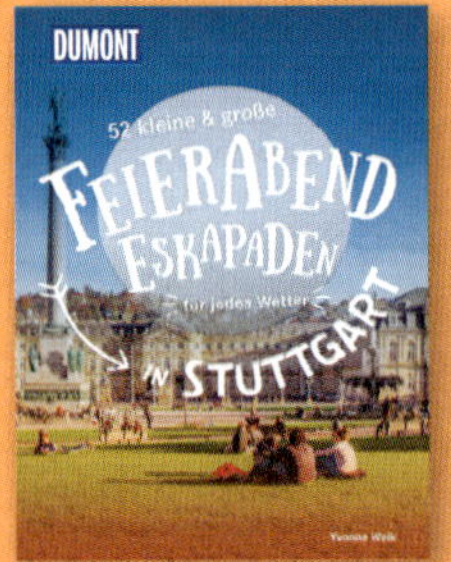

ISBN 978-3-616-02807-1

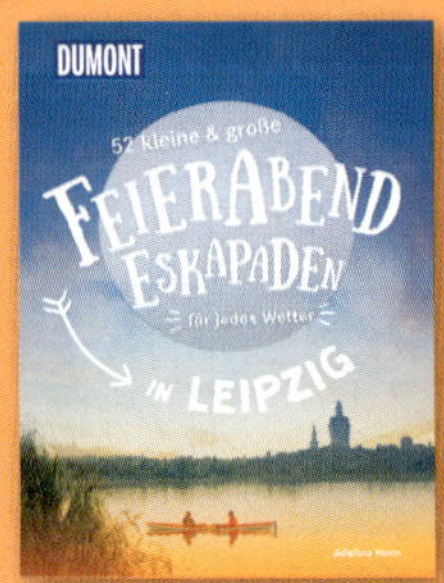

ISBN 978-3-616-02806-4

… erhalten Sie im gut sortierten Buchhandel
und unter www.dumontreise.de

IMPRESSUM

Reihenkonzept Monique Sorban

Projektmanagement Tamara Siedler

Covergestaltung Tanja Schnurpfeil, Leipzig, www.zebraluchs.de, und Carolin Weidemann, Köln, www.weidemann-design.com

Buchgestaltung & Illustrationen Carolin Weidemann, Köln, www.weidemann-design.com

Lektorat & Produktion Verlagsbüro Wais & Partner (Meike Diekmann, Julia Rietsch, Kai Wieland, Bea König), Stuttgart, www.wais-und-partner.de

Text & Fotos Kirsten Sulimma und Claudia Kornicki, Essen; S. 202 »Slinky Springs to Fame« von Tobias Rehberger, Emscherkunst.2010, S. 203 r. »Zauberlehrling« von Inges Idee, Emscherkunst.2013; mit folgender Ausnahme: Jörg-Peter Schräpler (S. 135 u.)

Kartografie © KOMPASS, Innsbruck, unter Verwendung von Kartendaten von © OpenStreetMap-Mitwirkende, Lizenz CC-BY-SA 2.0

Hinweis Alle Informationen wurden mit größtmöglicher Sorgfalt geprüft. Infolge der Corona-Pandemie kann es allerdings zu kurzfristigen Geschäftsschließungen und anderen Änderungen vor Ort gekommen sein.

Printed in Poland

1. Auflage 2023

ISBN 978-3-616-02808-8

www.dumontreise.de

KIRSTEN SULIMMA

CLAUDIA KORNICKI

… über die Autorinnen

Hinaus in die Welt und unentdeckte Orte finden. Zusammen mit ihrer Labradorhündin Lila macht sich Kirsten immer wieder auf, das Leben zu erobern. Als Kind des Ruhrgebiets kehrt sie aber doch immer wieder in den Pott zurück, denn sie liebt die Region und ihre Menschen.

Als freie Journalistin arbeitete sie bereits für verschiedene Gastronomiemagazine, Reiseführer und Agenturen. Zu ihrer erklärten Lieblingsbeschäftigung gehört dann auch das gute Essen, gerne quer durch alle Kulturen. Oder eben doch die Currywurst vom Imbiss umme Ecke – die gibt's für die Tierfreundin ja zum Glück inzwischen auch in der veganen Variante.

Unterstützt wurde Kirsten auf ihren Streifzügen durch Claudia. Mittendrin geboren und aufgewachsen, ist auch sie ein Ruhrpottkind durch und durch. Wo andere nur grau und hässlich sehen, war sie schon immer fasziniert von der überraschenden Schönheit ihrer Heimat.

So kreativ und vielseitig wie das Ruhrgebiet ist die Autorin selbst. Die Onlineredakteurin liebt Fotografieren, Reisen und schwingt das Tanzbein, wo immer es möglich ist.

Schnell runterkommen

Eskapade #11: Wer runterkommen will, muss erst mal rauf. Deshalb geht's auf den Aussichtsturm am Wolfssee. Zwischen Wäldern, Seenlandschaft und Schloten rückt auch der Alltagsstress in weite Ferne.

Über den Tellerrand schauen

Eskapade #43: Die Touri-Hotspots hat man als Einheimischer ja schon Dutzende Male besichtigt. Richtig interessant wird es aber, wenn die virtuellen Zeitzeugen der App Perspektivenwechsel zu einem Blick hinter die Sightseeing-Kulisse einladen.

ENDLICH FEIERABEND! UND NUN?

Ruhe finden

Eskapade #2: Selbst in den trubeligsten Ruhrmetropolen gibt's kleine Ruheoasen, man muss sie nur suchen. Im Botanischen Garten Duissern wandelt man mitten in Duisburg auf grünen Pfaden.

Leute treffen

Eskapade #22: Wenn man sich im Ruhrgebiet mehr als einmal begegnet, duzt man sich. Ebenso unkompliziert gestaltet sich ein Abend im Kreuzviertel. Auch wer alleine unterwegs ist, kommt schnell bei einem Getränk mit dem Sitznachbarn ins Gespräch.

Raus aus der Komfortzone

Eskapade #13: Nach der Arbeit nicht auf die Couch, sondern noch mal raus. Auf der Bahntrasse zwischen Essen und Mülheim kann man strampeln, bis die Beine müde werden. Zum Schluss gibt's eine Bank mit Ruhrblick zur Belohnung.